AKADEMIE DER WISSENSCHAFTEN UND DER LITERATUR

Abhandlungen der
Mathematisch-naturwissenschaftlichen Klasse
Jahrgang 2001 • Nr. 5

Günter Hotz

Der Informationsbegriff aus Sicht der Informatik

AKADEMIE DER WISSENSCHAFTEN UND DER LITERATUR • MAINZ
FRANZ STEINER VERLAG • STUTTGART

Vorgetragen in der Plenarsitzung am 19. Februar 1999,
zum Druck genehmigt am selben Tage, ausgegeben am 1. Oktober 2001.

Die Deutsche Bibliothek – CIP-Einheitsaufnahme

Hotz, Günter:
Der Informationsbegriff aus Sicht der Informatik / von Günter Hotz. Akademie der Wissenschaften und der Literatur, Mainz. – Stuttgart : Steiner, 2001
  (Abhandlungen der Mathematisch-Naturwissenschaftlichen Klasse / Akademie der Wissenschaften und der Literatur ; Jg. 2001, Nr. 5)
  ISBN 3-515-07956-4

© 2001 by Akademie der Wissenschaften und der Literatur, Mainz
Alle Rechte einschließlich des Rechts zur Vervielfältigung, zur Einspeisung in elektronische Systeme sowie der Übersetzung vorbehalten. Jede Verwertung außerhalb der engen Grenzen des Urheberrechtsgesetzes ist ohne ausdrückliche Genehmigung der Akademie und des Verlages unzulässig und strafbar.

Umschlaggestaltung: die gestalten. Joachim Holz, Mainz.
Druck: Rheinhessische Druckwerkstätte, Alzey.
Printed in Germany.

Gedruckt auf säurefreiem, chlorfrei gebleichtem Papier.

Der Informationsbegriff aus Sicht der Informatik

Inhaltsverzeichnis

1 **Einleitung**   5
  1.1 Beispiele 6
      1.1.1 Eine endliche Periode 6
      1.1.2 Eine unendliche Periode 7
      1.1.3 Eine berechenbare unendliche Folge 7
      1.1.4 Naturgesetze und Datenkompression 8
  1.2 Zusammenfassung 8

2 **Klassische Informationstheorie**   9
  2.1 Das Schema der Nachrichtenübertragung 9
  2.2 Kodes, Kodierungen und Dekodierungen 10
      2.2.1 Ein Beispiel 11
  2.3 Suchbäume 12
  2.4 Kodierungstheoreme bei gedächtnisloser Quelle und ungestörtem Kanal 14
      2.4.1 Das Kodierungstheorem von Shannon (1948) 15
  2.5 Quellen mit Gedächtnis 17
      2.5.1 Definitionen 17
      2.5.2 Beispiele 18
      2.5.3 Kodierungstheoreme 18
      2.5.4 Reduktionstheorie 20

3 **Andere Quellen und der gestörte Kanal**   21
  3.1 Quellen mit geometrischen Objekten 21
  3.2 Der Kanal 22
  3.3 Das Netz 23
      3.3.1 Das Kommunikationsnetz 23
      3.3.2 Das Internet 24

4 **Quellen mit nicht bekannten Wahrscheinlichkeitsverteilungen**   25
  4.1 Suchen bei gedächtnislosen Quellen unbekannter Wahrscheinlichkeitsverteilung 25
  4.2 Kodierung bei Quellen unbekannter Wahrscheinlichkeitsverteilung 28
      4.2.1 Gedächtnislose Quellen 28
      4.2.2 Quellen mit Gedächtnis: Resultate und offene Probleme 29
      4.2.3 Über die Stabilität der adaptiven Verfahren 30

5 Zufälligkeit, Berechenbarkeit und Information — 31
- 5.1 Chaitin-Kolmogorov-Komplexität — 31
  - 5.1.1 Einleitung — 31
  - 5.1.2 Definitionen und Resultate — 33
- 5.2 Die Rolle der Ressourcenbeschränkungen — 34
  - 5.2.1 Komplexität — 34
  - 5.2.2 Zufälligkeitshierarchien — 35
- 5.3 These — 36
- 5.4 Sprachkomplexität versus algorithmischer Komplexität — 36
- 5.5 Ressourcenbeschränkung und Komprimieren in einem Beispiel — 38

6 Ein konkretes Problem — 39
- 6.1 Vorbemerkungen — 39
- 6.2 Verbmobil — 40

7 Abschließende Bemerkungen — 41

Der Informationsbegriff aus Sicht der Informatik

1 Einleitung

Die besondere Bedeutung der Informationsvermittlung und die ihrer Verarbeitung ist heute unbestritten. Von Nachrichtenübertragung, ihrer Sammlung, Aufarbeitung und Repräsentation leben Presse, Rundfunk und Fernsehen, und in hohem Maße auch Wirtschaft, Verwaltung, Technik und Wissenschaft. Während Computer in ihren ersten Jahren nur für rechenintensive Aufgaben, die meist ihren Ursprung in technischen oder physikalischen Fragestellungen hatten, eingesetzt wurden, sind Computer heute alltägliche Gebrauchsgegenstände, die eine Hauptanwendung in dem oben beschriebenen Bereich erfahren.
Resultate von Messungen, Erhebungen und Entwicklungstendenzen, Gesetzmäßigkeiten und Ergebnisse von Berechnungen werden mit ihrer Hilfe veranschaulicht, sodaß sie leichter verständlich werden.
Sie werden zur Optimierung und Protokollierung von Abläufen wirtschaftlicher oder technischer Prozesse eingesetzt. Wir besitzen Programme, die für grosse Klassen von Fragestellungen, die für viele Menschen schwer entscheidbar sind, in Bruchteilen von Sekunden die Antwort liefern. Als Beispiel seien die Systeme *Cedric* [1] und *Cinderella* [2] zum Beweisen von Sätzen der euklidischen Geometrie erwähnt, oder es sei an die Steuerung von Flugzeugen oder anderer komplexer Maschinen erinnert und z.B.auf [3],[4] verwiesen.
Es gibt im Bereich der Künstlichen Intelligenz [10] Computerprogramme, die erstaunlich gute Dienste in der Sprachübersetzung leisten, wenn man die Anwendungsdomäne geeignet einschränkt [5]. Mit Computern ziehen wir rasch Informationen aus Datenbanken, unter Benutzung des Internets sogar weltweit. Die elektronische Mail erlaubt es Nachrichten mit aller Welt in effizienter Weise auszutauschen.
Es ist deshalb nicht erstaunlich, daß heute der Informationsbegriff in vielen Disziplinen Aufmerksamkeit findet. Als Beispiele seien die Themen der 119. und der 120. Versammlung der Gesellschaft deutscher Naturforscher und Ärzte(GdNÄ) genannt: *Koordinaten der menschlichen Zukunft: Energie - Materie - Information - Zeit [6]* und *Unsere Welten der Information*[7]. Hierzu sehe man auch weiter [8] und [9].
Natürlich hat man auch schon früher die Bedeutung des Informationsaustausches erkannt, sonst wäre die Post nicht eingerichtet worden und auch der Buchdruck nicht entstanden, ohne den z.B. die Reformation schwer vorstellbar ist. Ganthen [7] zitiert in seiner Eröffnungsrede zur 120. GdNÄ-Versammlung Goethe aus Eckermanns Gesprächen mit der Bemerkung *...armseliges Leben. Da sitzt einer in Wien ein anderer in Bonn oder Düsseldorf, alle durch 50 - 100 Meilen voneinander getrennt, sodaß persönlicher Austausch von Gedanken zu den Seltenheiten gehören.*

Günter Hotz

Diese Äusserung machte Goethe im Zusammenhang mit einer Versammlung der wenige Jahre zuvor, im Jahr 1823, gegründeten GdNÄ. Die Einrichtungen von Tagungen findet in diesem Gefühl eine deutliche Begründung. Es ist eine interessante Frage, ob die Einrichtung des Internets den Wunsch, Tagungen zu veranstalten, mindern wird. Aber was ist Information? Auf diese Fragen geben wir so wenig eine Antwort, wie die Physik eine Antwort gibt auf die Frage, was Materie ist. Die Physik gibt *Maße* an für Eigenschaften der Materie, wie beispielsweise die Temperatur von Körpern oder ihre Masse oder Elastizitätseigenschaften, und sie beschreibt mittels mathematischer Methoden Zusammenhänge zwischen diesen Eigenschaften und ist auf dieser Basis in der Lage Vorhersagen zu machen, die in der Regel zutreffen.

So versuchen wir es auch mit dem Konzept der Information. Wir betrachten verschiedene Möglichkeiten Information zu messen, um daraus auch Vorhersagen abzuleiten.

Wir nehmen Informationen auf mit Augen und Ohren und anderen Sinnen. Wir reagieren auf diese Informationen in Abhängigkeit davon, wie wir sie verstehen. Der Gebrauch des Wortes Information ist auch bei weitem nicht eindeutig. Informationen im Sinne von wahrgenommenen Sinneseindrücken bezeichnen wir häufig als Lärm oder Rauschen und verbinden mit *Information* ein Verstehen.

Wie jedermann weiß, kann man Dinge mehr oder weniger gut verstehen. Das Verständnis hängt von Vorwissen ab, den intellektuellen Fähigkeiten, von der Zeit, die zum Nachdenken zur Verfügung steht, und davon, ob man zum Beispiel einen Stift und Papier oder gar einen Computer zur Verfügung hat. Einige Beispiele sollten das klarer machen.

1.1 Beispiele

1.1.1 Eine endliche Periode

Wir betrachten das Wort

$$ababab...ab$$

das *ab*, sagen wir eine Million mal enthält. Anstatt dieses lange Wort über eine Nachrichtenleitung zu schicken, würden wir nur die Mitteilung versenden

eine millionmal ab

Wir haben also die ursprüngliche Nachricht durch eine Kodierung erheblich komprimiert. Diese Komprimierung setzte voraus, daß wir die Nachricht in einem gewissen Sinn verstanden haben und daß wir damit rechnen können, daß der Empfänger in der Lage ist, aus dem Kode die Orignalnachricht zu rekonstruieren.

Der Informationsbegriff aus Sicht der Informatik

1.1.2 Eine unendliche Periode

Für den Leser oder die Leserin wird

$$010101\ldots$$

die Beschreibung einer unendlich langen Folge mit der Periode 01 sein. Warum erwartet man aber z.B. nicht die Folge

$$01010111111\ldots?$$

Vielleicht ist der Grund der, dass die erstere Interpretation kürzer ist:

unendlich oft 01

während die zweite Interpretation besagt:

dreimal 01 *und dann unendlich oft* 1

Auf diese Weise kommt die Beschreibungskomplexität bezüglich einer vorgegebenen Sprache ins Spiel.

1.1.3 Eine berechenbare unendliche Folge

$$101110111110111101\ldots$$

Hier ist es überhaupt nicht klar, daß diese Folge die Zahlen

$$2, 3, 5, 7, 11, 13\ldots$$

d.h. den Anfang der Folge der Primzahlen in binärer Schreibweise, repräsentiert. Auch wenn die Folge einen wesentlich längern Anfangsabschnitt der Primzahlen enthalten würde, wäre diese Interpretation nicht offensichtlich. Anders ist es, wenn in der Binärfolge durch Kommata eine eindeutige Zerlegung angegeben wird. So wie die Folge gegeben ist, könnte man auch auf den Gedanken kommen, daß eine zufällige Folge gemeint ist, in der die Häufigkeit mit der die 1 in der Folge vorkommt die Häufigkeit der 0 im Verhältnis 14 zu 4 überwiegt. Statistisch begründete Lernverfahren würden so oder so ähnlich reagieren. *Wir treffen hier auf zwei verschiedene Konzepte der Datenkompression. Das erste Konzept besteht darin, ein kürzestes Programm zu konstruieren, das auf einem vorgegebenen Rechner die vorgegebene Folge als Ausgabe erzeugt. Das zweite Konzept betrachtet Folgen als durch einen stochastischen Prozess erzeugt, der z.B durch eine Wahrscheinlichkeitsverteilung über einem Alphabet definiert ist.*

Günter Hotz

1.1.4 Naturgesetze und Datenkompression

Wir stellen uns eine Liste vor, in die seit Beginn unserer Zeitrechnug täglich eingetragen wurde, welche Planeten jeweils sichtbar waren. Das ergibt eine sehr lange Liste. Wir würden diese Liste heute natürlich nicht mehr an Orte versenden, an denen ein Computer vorhanden ist, sondern nur ein Programm, das aus dem hinreichend genau bekannten Stand der Planeten heute auf Abruf die entsprechende Auskunft für jeden der in Betracht kommenden Tage berechnen und ausgeben könnte. *An diesem Beispiel wird deutlich, daß Wissenschaft und Verstehen mit Datenkompression zu tun hat.*

1.2 Zusammenfassung

Aber Verstehen ist mehr als Komprimieren. Wenn wir ein Programm schreiben, das der Reihe nach alle natürlichen Zahlen aufzählt und jeweils überprüft, ob eine Primzahl vorliegt, um sie dann auszugeben, dann wird dieses Programm eine unendliche Folge von Primzahlen erzeugen, wenn es unendlich viele gibt. Es sagt uns aber niemals, daß die Folge unendlich werden wird.
Und so wissen wir bei der Berechnung unserer Liste der Sichtbarkeiten der Planeten nicht, ob in der Vergangenheit nicht ein Planet unser Sonnensystem verlassen hat, sodaß wir bei der Kompression dieser Liste auf ein System von Differentialgleichungen und Anfangswerten voreilig waren.
Die Kompression von beobachteten Daten hat also sehr viel mit den Zielen der Naturwissenschaften und Wissenschaft überhaupt zu tun. Merkwürdiger Weise eignen sich Gesetze, die ein starke Kompression von beobachteten Daten erlauben, auch erstaunlich oft zur Vorhersage künftiger Ereignisse. Dieser Zusammenhang macht aber auch klar, dass universelle Methoden zur optimalen Datenkompression i.a. nicht berechenbar sein werden, was man in einigen Modellen auch formal zeigen kann. Zu der weitergehenden Fragestellung *Komplexitätstheorie und Theorienbildung* sehe man [11].

Wir wollen uns in diesem Vortrag mit beiden Aspekten des Informationsbegriffes, dem *statistisch* und dem *algoritmisch* begründeten auseinandersetzen und dabei auch im Falle des statistischen Ansatzes algorithmische Fragestellungen in den Forderground stellen. Wir betrachten Fragen der *Komprimierung* von Daten bei Erhaltung ihrer Information unter bestimmten Voraussetzungen über die Informationsquellen und Aspekte der *Informationsgewinnung* aus Quellen unter abgeschwächten Annahmen. Wir werden dazu Verbindungen zwischen Resultaten der *Informationstheorie von Shannon* und Methoden der effizienten *Ablage und Suche in Datenbanken herstellen*. Wir werden auch auf Beziehungen zwischen dieser Theorie und

Der Informationsbegriff aus Sicht der Informatik

der *algorithmischen Komplexitätstheorie* eingehen, der Theorie, die sich aus Ideen *Chaitins und Kolmogorov's* [34], [35] entwickelt hat. Zum Abschluss diskutieren wir Verbindungen zwischen *Verstehen und Komprimieren bei Beschränkungen der zur Verfügung stehenden Ressourcen.*

2 Klassische Informationstheorie

2.1 Das Schema der Nachrichtenübertragung

Das übliche Schema der Zerlegung der Nachrichtenübertragung wird durch

$$(Quelle \to Kanal \to Empfänger)$$

wiedergegeben. Die Quelle erzeugt Nachrichten, die dem Kanal übergeben werden, der sie zum Empfänger transportiert. Diese Zerlegung des Vorganges ist aber nicht eindeutig, wie z.B. die Betrachtung der Nachrichtenübermittlung mittels Email zeigt. In diesem Fall können wir Tastatur und Computer als Quelle ansehen, den Teil zwischen den Steckdosen als Kanal und schliesslich den Computer und Bildschirm als Empfänger. Wir stellen diese Zerlegung schematisch durch den folgenden Klammerausdruck dar.

$$((Tastatur, Computer) \to Leitung \to (Computer, Bildschirm))$$

dar. Eine andere mögliche Zerlegung in dieses Schema beschreibt der Ausdruck

$$(Tastatur \to (Computer, Verbindung, Computer) \to Bildschirm)$$

Die Zerlegung in Quelle, Kanal und Sender ist auch an sich problematisch: Betrachtet man das System

$$(Sportfeld\ mit\ Spielern) \to (Kameramann\ mit\ Kamera) \to (Sender)$$

(der Sender von Kamera zur Fernsehstation fungiert hier als Empfänger), dann ist der Kanal in Gestalt des Kameramannes sehr aktiv an der Informationsauswahl beteiligt. Eine mathematische Modellierung, die allen Fällen gerecht werden kann, dürfte wohl schwer zu finden sein. Um zu einem Modell zu gelangen machen wir die folgenden Annahmen:

- Quelle und Kanal werden durch rein stochastische Methoden beschrieben.
- Allein der Kanal verursacht die Kosten der Nachrichtenübertragung.

- Die Verweildauer der Nachricht in dem Kanal hängt nur von der Länge der Nachricht ab.

- Verzögerungen der Nachrichtenübertragung, die durch eventuelle Kodierungen und Dekodierungen auftreten, sind unerheblich.

Die Nachrichtenquelle oder kurz die *Quelle* ist im einfachsten Fall als endliche Menge oder als *Alphabet* A gegeben und eine *Wahrscheinlichkeitsverteilung* p auf A, die angibt, daß wir das Element a von A mit der Häufigkeit $p(a)$ als Ausgabe der Quelle (A, p) erwarten dürfen. Allgemein ergänzt man die Quelle noch durch ein *Gedächtnis*, das durch eine Menge Z von *Zuständen* repräsentiert wird. Nach jeder neuen Ausgabe eines Elementes a geht der aktuelle Zustand z in einen neuen Zustand $'$ über.

Die Ausgaben der Quelle und der Übergang des Gedächtnisses in einen neuen Zustand wird durch eine Wahrscheinlichkeitsverteilung beschrieben. Die Ausgabe a der Quelle wird dem *Kanal* übergeben, der a im störungsfreien Fall bei dem Empfänger abliefert. Die Ausgabe a der Quelle erfährt i.a. eine Kodierung c, die a in ein Zeichen oder ein Wort $c(a)$ über dem *Kanalalphabet S* übersetzt. Bei der Übergabe der kodierten Nachricht an den Empfänger wird $c(a)$ dekodiert, das heisst als a abgeliefert oder in eine andere dem Empfänger verständliche Form gebracht. Den gestörten Kanal beschreibt man ähnlich wie die Quelle.

Hat der Kanal kein Gedächtnis, dann beschreiben wir ihn dadurch, daß wir die Wahrscheinlichkeit $p(s|\tilde{s})$ angeben, mit der der Kanal eine Eingabe s dem Empfänger als Ausgabe $\tilde{s}$ präsentiert. Einem Kanal mit Gedächtnis ordnet man wie im Falle der Quelle eine Zustandsmenge Z zu und erweitert die Definition der Übergangswahrscheinlichkeiten entsprechend.

Die Informationtheorie behandelt die Frage, unter welchen Voraussetzungen über Quelle und Kanal die Ausgabenfolgen der Quellen so kodiert werden können, daß unter der Bedingung einer möglichst hohen Übertragungsrate eine vorgegebene Fehlerschranke nicht überschritten wird.

2.2 Kodes, Kodierungen und Dekodierungen

Besitzen Quelle und Kanal verschiedene Alphabete, dann verlangt die Übernahme der durch die Quelle erzeugten Nachricht durch den Kanal eine Kodierung des Quellenalphabetes in das Kanalalphabet. Das ist auch dann erforderlich, wenn Quell- und Kanalphabet gleich sind, der Kanal aber gestört ist und eine möglichst zuverlässige Nachrichtenübertragung gewünscht wird. Im allgemeinen wird das Quellalphabet mehr Elemente enthalten als das Kanalalphabet, sodaß zur Kodierung eines Elementes des Quellalphabets eine Wort aus mehreren Zeichen über dem Kanalalphabet erforderlich ist.

Der Informationsbegriff aus Sicht der Informatik

Ist A das Quellalphabet und S das Kanalalphabet, dann bezeichnen wir mit A^* bzw. S^* Die Menge der Wörter über A bzw. über S. Aus formalen Gründen nimmt man auch das *leere Wort* in die Menge der Wörter auf. Man erklärt das Hintereinanderhängen von zwei Wörtern u und v als Produkt. Ist w dieses Produkt, dann schreibt man $w = u * v$. Das leere Wort spielt dann die Rolle der Einheit. Es ist üblich, solche Strukturen als *freie Monoide* zu bezeichnen. Charakteristisch für freie Monoide ist, daß jedes Element der Menge auf genau eine Weise als Produkt der Elemente des Alphabetes geschrieben werden kann.

Diese Eigenschaft der eindeutigen Zerlegbarkeit benötigen wir auch für die durch Kodes erzeugten Wörter, wenn die übertragene Nachricht eindeutig entschlüsselbar sein soll. Es gibt eine recht umfangreiche Theorie der Kodes. Wesentliche Anstöße verdankt die Theorie Schützenberger und seiner Schule [12]. Die einfachste Methode, Kodes zu konstruieren besteht darin, ein Zeichen des Alphabetes als *Trennzeichen* zu verwenden. Hierdurch verschenkt man i.a. etwas und in einigen Fällen sehr viel hinsichtlich der Minimierung der Kodelängen, wie man an dem Beispiel des binären Alphabetes leicht erkennt. Für unsere Zwecke reicht die Verwendung von *präfixfreien* Kodes aus. Solche Kodes C sind Teilmengen von S^* mit der folgenden Eigenschaft: Sind u und v Elemente von C und ist u Präfix von v, dann gilt $u = v$. Hieraus ergibt sich leicht, dass jedes Wort aus S^*, das sich überhaupt als Produkt von Worten aus C schreiben lässt, es nur auf eine Weise erlaubt. Das von C erzeugte Untermonoid C^* von S^* ist also auch ein freies Monoid. Wir erläutern an einem Beispiel, wie man im Falle geordneter Alphabete endliche präfixfreie Kodes in einfacher Weise kodieren und dekodieren kann.

2.2.1 Ein Beispiel

Wir definieren zunächst unser Alphabet A.

```
A = {Abend, als, Buch, Code, Dia, Ei, Form, Grau,
     Klee, Laus, Puma, Rauch, Schall, Taube, Weg}
```

Das Alphabet besteht also aus einer Menge von deutschen Wörtern, die wir in alphabetischer Reihenfolge angeordnet haben. Wir wollen für A eine ternäre Kodierung angeben, die die Ordnung erhält. Dazu definieren wir $S := \{0, 1, 2\}$ und den Kode

$$c : A \to S^*$$

mittels des markierten Baumes in Abbildung 1. Man erhält den Kode (2,2,0,2,0) z.B. für *Schall*, indem man die Beschriftung des Pfades abliest, der in der *Wurzel* des Baumes beginnt und an dem *Blatt* mit der Beschriftung *Schall*

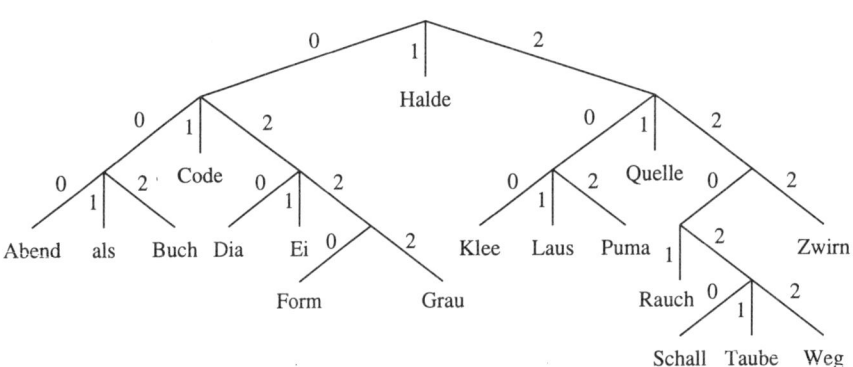

Abbildung 1: Präfixfreier Kode

endet. Allgemein verfährt man also so, daß man zunächst das Blatt sucht, das mit dem zu kodierenden Element beschriftet ist, um dann die Beschriftung des Pfades von der Wurzel bis zu diesem Blatt als Kode auszugeben. Enthält A n Elemente, dann dann benötigt dieser Algorithmus im schlimmsten Fall $n + t$ Schritte, wenn t die maximale Tiefe des Baumes ist. Ein *Schritt* besteht hier im Lesen der Beschriftung eines Blattes, in der Abfrage, ob dieses Element gleich dem zu kodierenden Element ist und dem im negativen Fall erforderlichen Sprung zu zu dem nächsten Blatt. Entsprechend werden die Schritte gezählt, die mit dem Ablesen der Pfadbeschriftung verbunden sind. Der Empfänger ist im Besitz des gleichen Baumes. Der Kode wird auf der Empfängerseite dekodiert, indem man nun von der Baumwurzel ausgehend den Pfad bestimmt, der den empfangenen Kode als Beschriftung trägt. Die Blattinschrift am Ende dieses Pfades liefert die abgesandte Nachricht. Wir sehen, daß die Dekodierung maximal t Schritte erfordert.

Das alles gilt natürlich nur dann, wenn der Kanal den Kode unverändert überträgt. Der gesamte Vorgang erfordert also $n + 2 * t$ Schritte. Abbildung 2 beschreibt den Algorithmus schematisch. Wir haben vorausgesetzt, daß A geordnet ist. Indem wir die Ordnung beim Suchen des Blattes mit dem zutreffenden Eintrag verwenden, können wir die Suchzeit auch in etwa auf t reduzieren, sodaß wir mit $3 * t$ Schritten für Kodierung und Dekodierung auskommen. Wir gehen hierauf später ausführlicher ein.

2.3 Suchbäume

Für eine effiziente Kodierung ist es, wie wir gesehen haben, vorteilhaft, wenn wir aus dem Alphabet A der Quelle rasch ein gesuchtes Element ausfindig

Der Informationsbegriff aus Sicht der Informatik

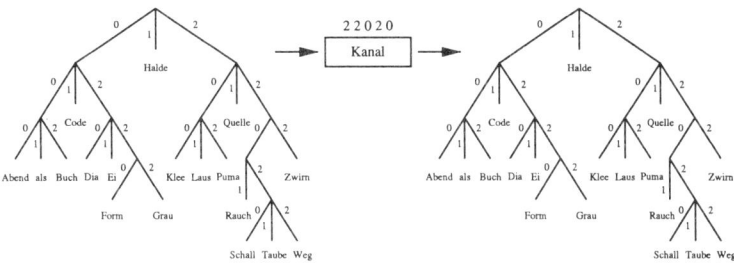

Abbildung 2: Kodierung, Kanal, Dekodierung

machen können. Natürlich stellt sich hier zunächst die Frage, was das soll, da uns das gesuchte Element doch bereits vorliegt. Der Sachverhalt ist wie folgt: Das Alphabet A liegt uns von vornherein vor. Wir können deshalb eine Liste dieser Elemente anlegen und hinter jedem Element a der Liste einen Zeiger zu der gesuchten Kodierung $c(a)$ anbringen. Können wir den Listeneintrag a rasch finden, dann aufgrund der Konstruktion auch die Kodierung $c(a)$. Eine Methode, dieses zu tun besteht darin, die Elemente von A so anzuordnen, daß das erste Element am häufigsten vorkommt oder kein anderes Element häufiger als dieses, um dann mit den restlichen Elementen in der gleichen Weise fortzufahren. Wir können dies tun, da wir vorausgesetzt haben, daß uns die Wahrscheinlichkeit p bekannt ist, mit der die Quelle ihre Ausgabe erzeugt. Das ist aber nicht genug, wie der Fall zeigt, in dem alle Elemente mit der gleichen Häufigkeit erzeugt werden. Wir haben weiter vorausgesetzt, daß auf A eine Ordnung existiert und wie effektiv sich eine solche Ordnung nutzen lässt, wissen wir aus der Erfahrung im Umgang mit Wörterbüchern. Zumindest erhalten wir dafür ein Gefühl, wenn wir einmal versuchen, ein deutsch-englisches Wörterbuch in umgekehrter Richtung zu benutzen.
Wir werden also die Ordnung unserer Liste nicht nach fallenden Wahrscheinlichkeiten anlegen, sondern in der Reihenfolge der vorgegebenen Ordnung. Die uns bekannte Wahrscheinlichkeitsverteilung benutzen wir nun, um die Effizienz des Suchens zu erhöhen. Dazu unterteilen wir A in zwei Teilmengen A_1 und A_2, so dass jedes Element von A_2 in der Ordnung hinter jedem Element von A_1 steht.
Eines der beiden Elemente an der Nahtstelle von A_1 und A_2 kopieren wir uns und definieren es als Wurzel eines Baumes. Ist a_1 dieses Element, dann heften wir an a_1 zwei Zeiger an; der eine weist auf A_1 und der andere auf A_2. Die Mengen A_1 und A_2 können wir wieder als geordnete Alphabete ansehen und mit ihnen verfahren wie zuvor mit A. Sind a_2 und a_3 die zu A_1 bzw. A_2 ausgewählten *Baumwurzeln*, dann lassen wir nun die Zeiger auf a_2 bzw. a_3

anstelle von A_1 oder A_2 verweisen. Indem wir so fortfahren bis die erhaltenen Teilmengen einelementig sind, konstruieren wir einen Baum, dessen Blätter die Elemente von A als *Beschriftung* tragen.

Die Suche in dieser Datenstruktur verläuft wie folgt: Wir vergleichen das vorgegebene a mit dem Eintrag a_1 in der Baumwurzel. Ist a kleiner oder gleich a_1, dann gehen wir nach a_2 und im anderen Fall nach a_3. Indem wir so fortfahren, gelangen wir schließlich zu einem Blatt des Baumes, der a als Inschrift trägt. Jetzt mag man einwenden, daß wir in dem Baum viele Elemente zweimal vorfinden und daß wir nicht in jedem Fall bis zu den Blättern absteigen mussten. Das ist richtig. Unser Ziel besteht aber darin, einen binären *präfixfreien Kode* für A zu konstruieren. Das gelingt uns schon allein mit der Konstruktion dieses Suchbaumes, sodaß wir das Suchen und das Konstruieren in einem Zug durchführen können.

Wir markieren den von einem Knoten a ausgehende Zeiger mit 0, falls sein Zielknoten $\tilde{a}$ kleiner ist als a und im anderen Fall mit 1. Nun bestimmt jedes Blatt a eines Baumes den Pfad w von seiner Wurzel zu a eindeutig und damit auch die Beschriftung $\alpha(w)$ von w. Wir setzen $c(a) := \alpha(w)$ und haben damit einen *Kode*

$$c : A \to \{0,1\}^*$$

konstruiert. Diese Abbildung definiert einen *präfixfreien Kode*, da verschiedene Pfade w verschiedene Markierungen tragen und da die Pfade alle in den Blättern des Baumes enden.

Wir hätten anstelle dieses binären Baumes auch einen ternären Baum, wie wir ihn in unserem Beispiel verwendet haben, konstruieren können. Hierzu betrachtet man bei den Abfragen die drei Fälle $<, >, =$. Dem Fall $=$ ordnet man einen Zeiger auf den gesuchten Knoten a zu. Die Teilalphabete A_1 und A_2 enthalten nun beide nicht das gesuchte Element a. Ansonsten verläuft die Konstruktion ebenso wie die für den binären Fall.

Es stellt sich nun die Frage, wie man die gegebene Wahrscheinlichkeitsverteilung nutzen kann, um gute *Kodes* zu konstruieren. Dieser Frage widmen wir den folgenden Abschnitt.

2.4 Kodierungstheoreme bei gedächtnisloser Quelle und ungestörtem Kanal

Wir greifen zurück auf unser Beispiel. Als Kodierung für

$$w := Buch\ Abend\ Zwirn\ Schall\ Rauch$$

haben wir

$$c(w) = 002000222220202201$$

Der Informationsbegriff aus Sicht der Informatik

Die *Länge* der Kodierung von w ist
$$|c(w)| = 18$$
und die *mittlere Länge* des gesamten Kodes ergibt sich als
$$m_A(c) := \sum_{a \in A} p(a) * |c(a)|$$
Wir machen die folgenden Beobachtungen:
Die Berechnung von $c(a)$ erfordert $|c(a)|$ Vergleiche zwischen Elementen aus A und das Lesen der Markierung des durch die Vergleiche bestimmten Weges.
Die Übertragung von $c(a)$ über den Kanal erfordert $|c(a)|$ Schritte.
Die Dekodierung erfordert $|c(w)|$ Vergleiche von Elementen aus S.
Erfordern diese verschiedenen Elementaroperationen

- Vergleichen von zwei Elementen aus A
- Übertragen eines Zeichens aus S
- Vergleichen von zwei Elementen aus S

in etwa die gleiche Zeit, dann ist $m_A(w)$ ein gutes Maß für die mittlere Übertragungsdauer eines Elentes aus A.

2.4.1 Das Kodierungstheorem von Shannon (1948)

Claude B. Shannon hat die statistische Informationstheorie mit seiner Arbeit [13] begründet und weitgehend ausgeführt. Einige seiner Beweise waren zwar nur skizzenhaft, aber aus allen Skizzen konnten Beweise gemacht werden. Wir behandeln hier den Spezialfall der gedächtnislosen Quelle bei ungestörtem Kanal. Dabei verwenden wir die oben eingeführten Bezeichnungen und ordnen jeder Informationsquelle (A, p) eine Entropie zu:
$$H(p) := \sum_{a \in A} p(a) * \log_m(1/p(a))$$
Hierin ist $m := |S|$ die Anzahl der Elemente in S.

Satz 1 (Kodierungstheorem) *Für jeden Kode $c : A^* \to S^*$ gilt*
$$m_A(c) \geq \frac{H(p)}{\log(m)}$$
und es gibt stets einen präfixfreien Kode c mit
$$m_A(c) \leq \frac{H(p)}{\log(m)} + 1$$

Dieser Satz läßt sich leicht verschärfen: Wir betrachten die Menge A^n der Wörter der Länge n über A und definieren

$$P(a_1...a_n) := p(a_1)...p(a_n)$$

und (A^n, P) als neue Quelle. Geht man mit diesen Definitionen in das obige Theorem, dann erhält man durch elementare Umformungen die Verschärfung:

Satz 2 (Shannon) *Unter den genannten Voraussetzungen gilt für jede Kodierung $c: A^n \to S^*$ der linke Teil der Ungleichung und es gibt zu jedem n einen präfixfreien Kode c, sodaß die die rechte Seite gilt.*

$$\frac{H(p)}{\log(m)} \leq \frac{m_{A^n}(c)}{n} \leq \frac{H(p)}{\log(m)} + \frac{1}{n}$$

Das Theorem besagt also, daß man die Ausgaben der Quellen so stark komprimieren kann, daß man im Mittel mit approximativ $\frac{H(p)}{\log(m)}$ Zeichen von S für ein Element von A auskommt und daß es mit weniger Zeichen nicht geht. Die Idee zur Konstruktion des präfixfreien Kodes ist einfach. Man wählt für a eine Kodierung der Länge von ungefähr $\log_m(\frac{1}{p(a)})$ Zeichen aus S. Man kann zeigen, daß man das stets so tun kann, daß man einen präfixfreien Kode erhält, der die angegebebe Ungleichung erfüllt. Etwas trickreicher ist die Konstruktion, wenn man zusätzlich verlangt, daß der Kode die Ordnungen von A und S respektiert. Allerdings kann man in diesem Fall nicht stets einen Kode finden, dessen mittlere Länge durch $\frac{H(p)}{\log(m)} + 1$ nach oben beschränkt ist. Es gilt aber der

Satz 3 (Kodierungstheorem für geordnete Quellen) *Es gibt zu jeder Quelle (A,p) einen präfixfreien Kode $c: A \to S^*$, sodaß*

$$m_A(c) \leq \frac{H(p)}{\log(m)} + 2$$

gilt.

Aus diesem Satz und den skizzierten Algorithmen für die Kodierung und Dekodierung folgt weiter der

Satz 4 (Effizienz der Kodierung) *Kodierung, Übertragung und Dekodierung lassen sich jeweils im Mittel in*

$$\frac{H(p)}{\log(m)} + 2$$

Schritten realisieren.

Der Informationsbegriff aus Sicht der Informatik

2.5 Quellen mit Gedächtnis

2.5.1 Definitionen

Wir betrachten nun den Fall, daß Quellen ein endliches Gedächtnis haben. Mit Z bezeichnen wir die Menge der möglichen Gedächtnisinhalte, die wir kurz als Zustände bezeichnen. Die Zustände selbst bezeichnen wir mit

$$z_1, z_2, z_3, \ldots$$

. Wir nehmen an, daß die Quelle in Abhängigkeit von ihrem aktuellen Zustand z eine Ausgabe $a \in A$ mit der Wahrscheinlichkeit $p_z(a)$ erzeugt. Sie geht dabei in einen durch a und z eindeutig bestimmten Zustand z' über. Wir beschreiben diesen Zusammenhang durch $z' = \delta(a, z)$. Anstelle von $p_z(a)$ schreiben wir auch $p(a|z)$ und sprechen von der durch z bedingten Wahrscheinlichkeit von a. (A, Z, δ) kann man als endlichen Automaten ohne Ausgabe auffassen, das gesamte System

$$\Omega := (A, Z, \delta, p(a|z))$$

als stochastischen Automat [14].

Wir können damit jedem z eine *Entropie* $H_z := H(p_z)$ zuordnen. Nun möchten wir durch eine Mittlung über alle z eine mittlere Entropie definieren. Dazu benötigen wir eine Wahrscheinlichkeitsverteilung $p(z)$, die die Häufigkeit zum Ausdruck bringt, mit der die Quelle in den Zustand z gelangt und zwar unabhängig davon, in welchem Zustand wir die Quelle gestartet haben. Darüber hinaus wünschen wir, daß die Quelle keine überflüssigen Zustände enthält, was durch die Forderung $p(z) > 0$ für alle z zum Ausdruck kommt. Quellen, die die Konstruktion einer solchen Wahrscheinlichkeit erlauben, heissen *ergodisch*. Wir setzen in Zukunft stets voraus, daß wir es mit solchen Quellen zu tun haben. Unter dieser Voraussetzung definieren wir

$$H(\Omega) := \sum_{z \in Z} p(z) * H_z$$

Erinnert sich die Quelle an die m letzten Ausgaben, dann spricht man von einem *Markovprozess m-ter Stufe*. In diesem Fall haben wir $Z = A^m$. Wir erläutern die Konstruktionen an Beispielen.

2.5.2 Beispiele

Der Stotterer Wir betrachten eine Quelle mit $A = \{a,b,c,d\}$ und $Z = A$. Alphabet und Zustandsmenge sind also identisch. Wir setzen weiter $\delta(a,b) = a$. Die Quelle erinnert sich also nur an die letzte Ausgabe. Wir definieren weiter

$$p(a|b) = \begin{cases} 1 - 3*2^{-20} & f\ddot{u}r \quad a = b \\ 2^{-20} & f\ddot{u}r \quad a \neq b \end{cases}$$

für $a,b \in A$, setzen $\Omega = (A, Z, \delta, p)$ und erhalten $H(\Omega) < 10^{-4}$. Als Zustandswahrscheinlichkeit erhalten wir aus Symmetriegründen für $x \in A$ den Wert $p(x) = 1/4$. Hätten wir das Gedächtnis der Quelle vernachlässigt und nur nach der Wahrscheinlichkeit gefragt, mit der die Elemente aus A auftreten, dann hätten wir $H = 2$ erhalten. Die Berücksichtigung des Gedächtnisses macht also hinsichtlich der Entropien einen wesentlichen Unterschied. Unter Vorgriff auf die später mitgeteilten Kodierungstheoreme können wir das auch für die Komprimierbarkeit feststellen. Das hier behandelte Beispiel ist ein Sonderfall der Markovprozesse erster Stufe.

Wörterbücher Wir betrachten den Fall, daß jemand einen Text vom Deutschen ins Englische übersetzt. Er wird dann das deutsch-englische Wörterbuch nicht nach jedem Gebrauch wieder ins Regal neben die anderen Wörterbücher stellen, sondern wird es auf seinem Arbeitsplatz liegen lassen, bis er mit der Übersetzung fertig ist. Dem entspricht, daß wir im Computer Dateien, z.B. Wörterbücher nicht mischen, sondern trennen, da dies zu kürzeren Zugriffszeiten führt. Dieser Idee folgend lösen wir das Kodierungs- und Suchproblem im Fall der Quellen mit Gedächtnis.

2.5.3 Kodierungstheoreme

Wir skizzieren, wie sich die Kodierungstheoreme im gedächtnislosen Fall unter der Voraussetzung der Ergodizität auf den Fall der Quellen mit Gedächtnis übertragen lassen.
Aufgrund der vorausgesetzten Ergodizität wissen wir, dass wir an jedem Zustand $z \in Z$ unendlich oft vorbeikommen, wenn wir die Quelle unendlich lange laufen lassen. Somit können wir bezüglich eines jeden z eine eigene Statistik anlegen. Tun wir das, dann erhalten wir zu jedem z eine gedächtnislose Quelle. Da für jeden dieser Fälle die Kodierungstheoreme, die wir mitgeteilt haben, gelten, erhalten wir die Kodierungstheoreme für den hier vorliegenden Fall, indem wir mit der Wahrscheinlichkeit $p(z)$ über ganz Z mitteln. Daraus ergibt sich aber, dass für jeden Kode

$$c : A \longrightarrow S^*$$

für jedes $z \in Z$ die Ungleichung $H_z \leq m_A(c)$ erfüllt ist, woraus unmittelbar folgt, daß das auch dann gilt, wenn wir H_z durch $H(\Omega)$ ersetzen. Wir können auch präfixfreie Kodes angeben, deren mittlere Länge nach oben durch $H(\Omega) + 1$ beschränkt sind. Hierzu definieren wir eine Abbildung

$$c : (A \times Z) \longrightarrow S^*$$

sodaß für jedes feste z die Ungleichung $m_A(c(.,z)) \leq H_z + 1$ erüllt ist. Indem wir über alle z mitteln, erhalten wir das Kodierungstheorem für Quellen mit endlichem Gedächtnis

Satz 5 (Kodierungstheorem für Quellen mit Gedächtnis) *Für alle präfixfreien Kodierungen c von ergodischen Quellen mit endlichem Gedächtnis gilt*

$$H(\Omega) \leq m_{(A \times Z)}(c)$$

und es gibt von den Zuständen z abhängige Kodierungen c die

$$m_{(A \times Z)}(c) \leq H(\Omega) + 1$$

genügen.

Wir haben die Suchbäume verwendet, um effiziente Algorithmen zur Berechnung von präfixfreien Kodierungen und Dekodierungen anzugeben, deren Laufzeit im Mittel etwa $H(p)$ war. Diese Konstruktion kann man verallgemeinern. Anstelle von Suchbäumen erhält man Suchgraphen, wie sie in [15] für Markovprozesse erster Stufe eingeführt wurden. Wir skizzieren ihre Verallgemeinerung auf den hier betrachteten Fall von Quellen mit endlichem Gedächtnis.

Wir gehen jetzt also wieder davon aus, daß auf A eine Ordnung gegeben ist und daß wir die Gleichheit zwischen Elementen von A und den Vergleich ihrer Grösse bezüglich der Ordnung in einem *Schritt* ausführen können. Zu jedem z konstruieren wir einen effizienten geordneten Suchbaum $\mathcal{B}_z$, sodaß wir in diesem Baum eine mittlere Suchzeit $< H_z + 2$ garantieren können. Aus diesen Bäumen konstruieren wir, wie folgt, einen Graph $\mathcal{G}_\Omega$:
Wir verbinden das Blatt a des Baumes $\mathcal{B}_z$ mit der Wurzel des Baumes $\mathcal{B}_{\delta(a,z)}$. Das tun wir für jedes Paar $(a, z) \in A \times Z$. Nun sind wir in der Lage jedes von der Quelle Ω erzeugte Wort $w = a_1 a_2 \ldots a_l$ effizient zu kodieren, wenn wir den aktuellen Zustand z der Quelle kennen. Hierzu begeben wir uns zur Wurzel des Baumes $\mathcal{B}_z$, suchen darin den Eintrag a_1, berechnen $z_1 := \delta(a, z)$, gehen zur Wurzel des Baumes $\mathcal{B}_{z_1}$ suchen in diesem Baum den Eintrag a_2 usw. Wir haben dadurch in dem Graph $\mathcal{G}_\Omega$ einen durch z und w eindeutig bestimmten Weg ermittelt, dessen Beschriftung die gesuchte Kodierung $c(w)$ liefert.

Offensichtlich können wir diesen Kode in $< l * H(\Omega) + 2$ Schritten berechnen. Dieser Ausdruck schätzt auch die Länge des Kodes nach oben ab, sodaß hierdurch auch die Kanalkosten abgeschätzt werden. Die Dekodierung kann ebenso effizient durchgeführt werden, wenn wir den Anfangszustand z kennen. In diesem Fall haben wir in dem Graph $\mathcal{G}_\Omega$, der dem Empfänger bekannt ist, einen Weg mit der Beschriftung $c(w)$ zu suchen, was in der gleichen Zeit geschehen kann. Das Verfahren unterscheidet sich von dem im gedächtnislosen Fall nur dadurch, daß zu Beginn der Übertragung eine Synchronisation der Anfangszustände hergestellt werden muß und dadurch, daß anstelle eines Baumes $\mathcal{B}$ ein Graph $\mathcal{G}_\Omega$ verwendet wird. Wir fassen die Ergebnisse in dem folgenden Satz zusammen.

Satz 6 (Ordnung erhaltende Kodes) *Zu jeder ergodischen Quelle Ω mit dem Alphabet A, das $n := | A |$ Elemente enthält und dem Geächtnis Z mit $k := | Z |$ gibt es einen präfixfreien Kode, der durch eine Abbildung*

$$c : A \times Z \longrightarrow S^*$$

definiert wird, sodaß

$$m_\Omega(c) < H(\Omega) + 2$$

gilt, und Kodierung und Dekodierung im Mittel in $H(\Omega) + 2$ Schritten und mit einem Speicherbedarf in Größe proportional zu $n * k$ berechenbar sind.

2.5.4 Reduktionstheorie

Dieser Satz hat einen Schönheitsfehler: Der Speicherbedarf steigt linear mit der Größe von Z an. Wenn wir an die Markovketten der Stufe m denken dann ist $|Z| = n^m$ und also eventuell sehr groß. Nun kann es sein, daß für $z \neq z'$ für die zugehörigen bedingten Wahrscheinlichkeiten $p(.|z) = p(.|z')$ gilt, sodaß wir die Bäume $\mathcal{B}_z$ und $\mathcal{B}_{z'}$ identifizieren können, ohne eine Einbuße an Effizienz zu erleiden. Diese Identifikation muß natürlich mit der Abbildung δ verträglich sein. Läßt sich diese Reduktion durchführen, dann liegt i.a. kein Markovprozeß mehr vor, sehr wohl aber eine Quelle mit endlichem Gedächtnis. Hierin liegt die Motivation für die Betrachtung dieser Quellen. Die geschilderte Idee schlägt eine Verbindung zur *Reduktiontheorie stochastischer Automaten*. Ist die Identifikation nicht mit δ verträglich, dann kann man die eventuell entstehende Mehrdeutigkeit beim Übergang zum Folgebaum leicht durch eine Markierung der Zeiger mit dem jeweils relevanten Zustand beheben und erzielt auch dadurch eine Redution des benötigten Speicheraumes proportional zu n. Auf eine etwas weitergehende Reduktion gehen wir in dem Kapitel über Quellen mit nicht bekannter Verteilung ein.

3 Andere Quellen und der gestörte Kanal

3.1 Quellen mit geometrischen Objekten

Der Rundfunk und das Fernsehen übertragen mehr oder weniger kontinuierliche Objekte. Die Übertragung von Bildern beruht auf einer Rasterung oder einem Gitter von Punkten, deren Farbwerte und Intensitäten abgetastet und übertragen werden. Sieht man das ganze Bild als Alphabetelement an, dann erhält man ein sehr großes Alphabet, das zu groß ist als daß man die zuvor geschilderten Methoden ohne weiteres zur Datenkompression einsetzen könnte. Die Quelle hat in diesen Fällen aber ein sehr ausgeprägtes Gedächtnis. Wenn die Kamera z.B. nicht bewegt wird, dann ändert sich das Bild von einer Übertragung zur nächsten nicht sehr viel. Die eventuell auf dem Bild vorkommenden Häuser verändern sich i.a. garnicht, die Bäume bleiben an ihrem Platz aber Blätter bewegen sich vielleicht im Wind. Menschen oder Tiere haben sich von einem zum nächsten Bild nur sehr wenig von ihrem Platz entfernt oder verändert. Stellt man noch in Rechnung, daß gewisse Bildteile, wie die gerade erwähnten Blätter, für den Betrachter von nur untergeordnetem Interesse sind, dann ergibt sich ein großes Potential zur Datenkompression: Mann überträgt das erste Bild und nachfolgend nur die Differenz zu dem Vorgängerbild. Kommt es dabei zum Beispiel nur auf die sich bewegenden Menschen an, dann kann man auch die Bewegung der Blätter und Äste unterdrücken oder periodisch gestalten.
Weiter spielt es eine Rolle, dass sich Farben und Helligkeit von Gitterpunkt zu Gitterpunkt meist nur wenig verändern. Also ergeben die zeitliche wie die räumliche Struktur der Objekte in Verbindung mit dem Interesse des Betrachters oder seiner Aufnahmefähigkeit ein grosses Potential zur Kompression des zu übertragenden Datenstromes.
Es stellen sich in diesem Zusammenhang eine Reihe von interessanten Fragen: Wie viel ist die Differenz von zwei aufeinander folgenden Bildern im Mittel ärmer an Information als ein ganzes Bild? Wie grenzt man die interessanten von den weniger interessanten Teilen eines Bildes voneinander ab? Muß dabei der Kameramann behilflich sein, oder kann das automatisch geschehen? Kann man die Konturen der sich vor einem Hintergrund bewegenden oder verändernden Objekte automatisch bestimmen und wie weit kann man daraus und aus einem ersten vollständigen Bild das aktuelle Bild des sich bewegenden Objektes im wesentlichen berechnen? Im Vergleich zu diesen Fragen spielen rein statistische Gesichtspunkte bezüglich der Bildsequenzen eine untergeordnete Rolle.

3.2 Der Kanal

Wir haben bis jetzt stets vorausgesetzt, daß die Kanäle in dem Sinne zuverlässig sind, daß sie die zu übertragenden Nachrichten nicht verändern. Im einfachsten Fall kann man den gestörten Kanal durch bedingte Wahrscheinlichkeiten beschreiben. Die Eingabe des Zeichens $x \in S$ ruft die Ausgabe $y \in S$ mit der Wahrscheinlichkeit $q(y|x)$ hervor. Wir können der Eingabe x die bedingte Entropie $H_x := H(q(.|x))$ zuordnen und über diese Entropien mit der Wahrscheinlichkeit p des Quellenalphabetes mitteln. Dadurch erhalten wir die Entropie $H_A(S)$ des Kanalausganges bezüglich der Eingaben durch die Quelle (A, p). Die Interpretation der empfangenen Nachricht kann aber nicht eindeutig erfolgen, da sie möglicherweise durch den Kanal verändert wurde. Auf die Originalnachricht x kann aber mit einer sich aus p und q ergebenden Wahrscheinlichkeit $r(x|y)$ zurückgeschlossen werden. Wir betreiben dabei den Kanal in gewisser Weise in umgekehrter Richtung. Die zugehörige Entropie sei mit $H_S(A)$ bezeichnet. Nun gibt es eine gewisse Plausibilität dafür, dass von der durch die Quelle A erzeugten Information der Grösse $H(A)$ nur $H(A) - H_S(A)$ ankommt. Das hat Shannon zum Anlass genommen, eine Kanalkapazität $C(q)$ durch den Ausdruck

$$C(q) := \max_p (H(A) - H_S(A))$$

zu definieren. Die Kanalkapazität gibt also den Betrag der mittleren Information an, der im Sinne der obigen Plausibilität durch eine Quelle über den Kanal gebracht werden kann. Die Definition wird gerechtfertigt durch das Shannon'sche Theorem, das folgendes besagt:
Ist (A, p) eine Quelle mit $H(A) < C(q)$, und verlangen wir die Übertragung mit einer Fehlerwahrscheinlichkeit kleiner ϵ, dann können wir eine natürliche Zahl n finden und einen Kode

$$c : A^n \longrightarrow S^*$$

und eine Dekodierung, sodaß unsere Forderung erfüllt wird.

Die Shannon'sche Theorie löst also das Problem der zuverlässigen und kanalzeitsparenden Nachrichtenübertragung grundsätzlich, wenn wir nur statistische Informationen über Quelle und Kanal besitzen und die zugehörigen Wahrscheinlichkeitsverteilungen vollständig kennen. Diese Kenntnis ist aber i.a. nicht vorhanden, und auch die Voraussetzungen der zeitlichen Invarianz der Verteilungen ist nicht erfüllt, wenn wir den Physikern glauben dürfen, dass die Erde nicht ewig existiert. Weiter zieht diese Theorie die Komplexität der Kodierungs- und Dekodierungsalgorithmen nicht in Betracht. Sind uns neben den statistischen Eigenschaften auch algorithmische Besonderheiten der Quellen bekannt, dann sind auch weitergehende Resultate hinsichtlich der Komprimierbarkeit der von den Quellen erzeugten Folgen zu erwarten. Somit stellen sich zahlreiche Fragen nach einer Verallgemeinerung der Theorie.

3.3 Das Netz

3.3.1 Das Kommunikationsnetz

Das betrachtete Modell entspricht nur eingeschränkt der Realität. Die einseitige Ausrichtung Sender Empfänger ist häufig nicht gegeben, sondern wir haben eine bidirektionale Kommunikation über einen Kanal. Der Kanal ist auch meist nicht eine Leitung, sondern ein Netz von Kanälen. Das Netz vermittelt nicht die Kommunikation zwischen zwei *Teilnehmern*, sondern es kommunizieren viele Teilnehmerpaare. Damit stellen sich bezüglich des Kanales verschiedene Probleme.

Für Gespräche zwischen zwei Partnern wird in dem Netz eine während des Gespräches stehende Verbindung geschaltet. Naturlich bietet eine Netz i.a. zahlreiche verschiedene und auch unterschiedlich lange Wege von einem zum anderen Anschluß. Man wird also Verbindungen stets so auswählen wollen, daß die verbleibende Restkapazität des Netzes möglichst groß ist. Handelt es sich um die Versendung von Nachrichten der Form, wie wir sie bisher betrachtet haben, dann muß nicht notwendig die gesamte Nachricht über den gleichen Weg laufen. Wir werden versuchen, die Nachrichten in Pakete zu zerlegen und sie so zu versenden, daß die Kapazität des Netzes möglichst gut genutzt wird. Wie im Straßenverkehr können an Knoten Staus auftreten. Um keine Nachrichten zu verlieren, muß man an diesen Knoten Nachrichten Speichern. Die spezielle Lage von Quellen kann dazu führen, daß manche Knoten weniger und andere sehr viel mehr belastet werden, wie wir das aus dem Straßenverkehr zur Genüge kennen.

Von L. Valiant [16] stammt ein außerordentlich fruchtbarer Vorschlag, dieses Problem anzugehen. Er lässt jede Nachricht zunächst eine Irrfahrt von hinreichend großer Länge machen, um sie anschließend auf einem kürzesten Weg zum Ziel zu schicken. Dadurch verschwinden in Netzen ohne Taillen durch ausgezeichnete Kommunikationspaare erzeugte Staus.

B. Becker und U. Simon konnten zeigen, daß solche Netze auch außerordentlich robust gegenüber dem Ausfall einzelner Knoten sind [17]. Die Zerlegung von Nachrichten in Pakete und ihre Versendung auf verschiedenen Wegen kann man auch benutzen, um die Sicherheit gegenüber statistischen Störungen zu erhöhen.

Günter Hotz

Wir gehen auf diese sehr interessanten Fragen nicht weiter ein, da sie im Zusammenhang mit der Untersuchung des Informationsbegriffes keine neuen Gesichtspunkte ins Spiel bringen.

3.3.2 Das Internet

Das Internet hat mit dem Versenden von Nachrichten zu tun, aber ebenso wichtig ist der dazu duale Charakter, der im Auslegen von Informationen besteht. Der Sender von Nachrichten sucht den Empfänger auf, um ihm etwas mitzuteilen. Im Internet machen wir einen Laden auf, um in einer Auslage unsere Informationen anzubieten. Der aktive Part ist in beiden Fällen also umgekehrt. Im Internet existieren Millionen von solchen Auslagen, die Homepages oder kurz Pages oder Seiten genannt werden.
Zur Unterstützung der Suchenden hat man deshalb *Suchmaschinen* entwickelt. Für die Treffsicherheit in der Auswahl der in Betracht gezogenen Informationsangebote (Homepages) spielen Thesauren eine große Rolle. Sehr oft findet eine Suchmaschine aber hundert oder noch wesentlich mehr Auskünfte, die relevant sein könnten. In welcher Reihenfolge soll die Maschine diese Informationen anbieten? Das ist eine wichtige Frage, da man nicht oft bereit sein wird, sehr lange Listen durchzugehen. Hier hat sich eine einfache Idee als sehr hilfreich erwiesen:
Eine Homepage ist wichtig, wenn wichtige Homepages einen Verweis auf sie enthalten.
Hieraus hat man einen einfachen Algorithmus zur Bewertung der Seiten entwickelt. Die Bewertung soll durch reelle, positive Zahlen repräsentiert werden. Wir machen dazu den Ansatz:
Das Gewicht einer Seite ist proportional zu der Summe der Gewichte der Seiten, die auf sie verweisen.
Die Menge der möglichen Gewichtungen aller Seiten fassen wir als Vektorraum über den rellen Zahlen auf. Tun wir das, dann führt die obige informale Definition zu einem Eigenwertproblem relativ zu der linearen Abbildung, die jeder Seite als Gewicht die Summe der Gewichte der Seiten zuordnet, die auf sie verweisen. Das ist die rohe Idee, die noch einiger Verfeinerungen bedarf. Wir wollen diese nur andeuten. Verweise auf eine Seite, von der sehr viele Verweise ausgehen, werden vielleicht häufig gefunden, da für viele Teilnehmer ein solches Adressenverzeichnis interessant ist. So liegt es nahe, die Verweise nicht mit 1 zu gewichten, sondern mit $\frac{1}{k}$, wenn k die Anzahl der Verweise der betreffenden Seite ist. Weiter sollte man jeder Seite einen Verweis auf sich selbst zuordnen und um neuen Seiten eine Chance zu geben, von jeder Seite einen niedrig bewerteten Verweis zu jeder anderen Seite.
Diese Definitionen führen dazu, daß man nach geeigneter Normierung jeder

Seite eine Grenzwahrscheinlichkeit zuordnen kann, mit der ein Besucher diese Seite antrifft, wenn er eine durch die erhaltene Matrix gesteuerte Irrfahrt auf der Menge der Seiten unternimmt. Nun kann man die Seiten mit der Wahrscheinlichkeit ihres Auftretens bewerten. Da die Dimension des Raumes sehr hoch ist, spielen in diesem Zusammenhang Verfahren zur approximativen Berechnung der Eigenvektoren eine große Rolle. Es ist ungefähr dieses Verfahren, das von der Suchmaschine Google [18] mit gutem Erfolg verwendet wird.

Betrachten wir vergleichend den Ansatz der klassischen Informationstheorie, dann hat man etwas Zweifel, ob die eben skizzierte Bewertung in jedem Fall optimal ist. Es gibt Beispiele von Anfragen, auf die man zunächst triviale Antworten erhält, Antworten, die nicht interessieren, oder die jeder kennt. Eine Alternative könnte die Bewertung der Seiten x durch $p(x)\log(p(x))$ darstellen oder etwa durch $p(x)H_x$. Weiter werden wir erwarten, daß wir zu besseren Resultaten gelangen, wenn wir nicht das gesamte Netz zur Bewertung heranziehen, sondern nur den Subgraph, der durch die ausgewählten Seiten erzeugt wird. Wir fassen zusammen:

Die Bewertung von Informationen unter Verwendung der Struktur des Zitatengraphs führt zu Resultaten, die durch Experimente als sehr nützlich ausgewiesen werden.

4 Quellen mit nicht bekannten Wahrscheinlichkeitsverteilungen

4.1 Suchen bei gedächtnislosen Quellen unbekannter Wahrscheinlichkeitsverteilung

Unser Problem besteht nun darin, daß wir eine Datenstruktur anlegen wollen, die es uns gestattet, in einer geordneten Menge effizient zu suchen allerdings unter einer schwächeren Annahme. Wir setzen zwar voraus, daß eine gedächtnislose Quelle vorliegt, aber daß deren Wahrscheinlichkeitsverteilung nicht bekannt ist. Diese Fragestellung geht wohl auf D. Knuth [19] zurück. Sie wurde von Allen und Monroe [20] und von K. Mehlhorn [21] behandelt und danach in zahlreichen Arbeiten in verschiedenen Varianten untersucht [22]. Natürlich kann man die unbekannte Verteilung experimentell approximieren. Hier geht es darum, diese Approximation mit dem Aufbau eines effizienten Suchbaumes unter Berücksichtigung der Ordnung des Alphabetes zu verbinden. Das geordnete Alphabet legt die Reihenfolge der Blätter des Baumes fest, sodaß wir zur Anpassung des Baumes nur geeignete ordnungserhaltende

Baumtransformationen finden müssen. Nun kann man Bäume durch Klammerausdrücke beschreiben, was wir an einem Beispiel erläutern wollen. Wenn man in den beiden folgenden Klammerausdrücken

$$((axb)yc) \longleftrightarrow (ax(byc))$$

jeweils x und y durch + ersetzt, dann entspricht die durch den Doppelpfeil angedeutete Relation dem Assoziativgesetz der Addition. Den beiden Klammerungen entsprechen die beiden Bäume in Abbildung 3. Der linke Ausdruck

Abbildung 3: Rotation

wird durch den linken Baum dargestellt. Die Wurzel y dieses Baumes weist mit Kanten nach c bzw. nach der Wurzel x des zu (axb) gehörigen Unterbaumes, der durch die von x auf a und b verweisenden Kanten gegeben ist. Entsprechend konstruiert man den rechten Baum als graphische Darstellung des rechten Klammerausdruckes. Die beiden Bäume unterscheiden sich dadurch, daß die Blätter a und c in den verschiedenen Bäumen verschieden weit von der Wurzel des Baumes entfernt sind. Ersetzen wir a, b, c durch Klammerausdrücke α, β, δ, dann entsprechen diesen Ausdrücken Bäume, deren Wurzeln wir mit den entsprechenden Blättern identifizieren. Wir sehen leicht, daß wir die eben beschriebenen Transformationen durchführen können, indem wir die Bäume in der gleichen Weise umhängen, wie zuvor die entsprechenden Blätter. Wir können diese Transformation auch dann durchführen, wenn die obigen Ausdrücke Unterausdrücke eines sie umfassenden Ausdruckes sind. Wir haben dazu in den entsprechenden Bäumen nur die in y endende Kante so umzuhängen, daß sie nun in x endet. Die Ordnung des Baumes wird durch diese Transformationen nicht verändert.

Man sieht induktiv, daß sich durch Anwendungen dieser Transformationen jeder innere Knoten eines binär verzweigten Baumes unter Erhaltung der Ordnung zur Wurzel des Baumes machen läßt. Nun überlegt man sich leicht, daß sich auch umgekehrt jeder Baum, von dessen inneren Knoten zwei Kanten ausgehen, durch einen Klammerausdruck eindeutig beschreiben läßt. Aus den

Der Informationsbegriff aus Sicht der Informatik

Erfahrungen in der Schule ist bekannt, daß man je zwei mögliche Klammerungen dieser Art durch eine Folge von Anwendungen des Assoziativgesetzes ineinander überführen kann.

Somit ist es plausibel, daß man je zwei Bäume, die in der Beschriftung und Ordnung übereinstimmen, durch diese Transformationen ineinander überführen kann. Man bemerkt darüber hinaus, daß durch Anwendung einer einzigen solchen Transformation ein beliebig vorgegebener innerer Knoten des Baumes um eine Stufe näher zur Wurzel gebracht werden kann. Also genügen t solcher Transformationen, um Knoten der Tiefe t zur Wurzel zu machen. Für diese Transformation hat sich der Namen *Rotation zur Wurzel* eingebürgert.

Wir nehmen nun die einmalige Anwendung des Assoziativgesetzes unter unsere Elementaroperationen auf. In dieser Terminologie gilt also, daß sich jeder Knoten, der sich in Tiefe t in einem Baum befindet, mittels t Elementaroperationen zur Wurzel eines Baumes machen läßt.

Um die Rotation eindeutig zu definieren, schreiben wir vor, daß in jeder angewendeten Elementaroperation der zur Rotation ausgewählte Knoten um eine Stufe in Richtug Wurzel bewegt wird. Wir definieren nun unter Zuhilfenahme der Rotationen einen Algorithmus, der eine Datenstruktur erzeugt, in der sich die Ausgaben der Quelle im Mittel effizient lokalisieren lassen.

Wähle als Anfangszustand einen beliebigen geordneten Suchbaum, dessen Blätter die Elemente von A in ihrer vorgegebenen Ordnung tragen. Erzeugt die Quelle die Ausgabe w, dann suche in dem Baum das Blatt mit der Inschrift w und mache den Knoten, an dem das Blatt hängt, durch Rotation zur Wurzel des Baumes.

Zunächst wollen wir die Operation der Rotation etwas besser verstehen. Ist $a \in A$ und $\mathcal{B}$ beliebiger Suchbaum über A, dann schreiben wir für den Baum $\mathcal{B}'$, der sich durch die Rotation von a zur Wurzel ergibt,

$$\mathcal{B}' = a^*\mathcal{B}$$

Die Operation a^* bildet die Menge der Bäume über A in sich ab. Ist $b \in A$, dann verstehen wir unter b^*a^* das Produkt *erst wende a^* und dann b^* an*. So induzieren die zu den Elemente von A gehörigen Rotationen eine Menge von Abbildungen auf der Menge der Bäume über A. Das dadurch erzeugte Monoid von Abbildungen sei $\mathcal{M}$. Ist $a_1, a_2, \ldots, a_k$ die Spur auf der a bei der Anendung von a^* auf $\mathcal{B}$ nach oben wandert, dann gilt

$$a_k^* \ldots a_1^* a^* \mathcal{B} = \mathcal{B}$$

Weiter führt die Anwendung aller Elemnte von A in der Reihenfolge ihrer Größe auf irgendeinen der Bäume $\mathcal{B}$ stets zu dem gleichen Resultat. Also ist $\mathcal{M}$ transitiv, das heißt zu je zwei vorgegebenen Bäumen $\mathcal{B}_1, \mathcal{B}_2$ gibt es in $\mathcal{M}$

ein f, das $\mathcal{B}_1$ in $\mathcal{B}_2$ überführt.
Somit läßt sich der adaptive Prozeß als ergodischer Markovprozeß auf der Menge der Bäume auffassen. Diese Einsicht liefert uns einen Zugang zur Abschätzung der mittleren Tiefe E dieser Bäume, wenn eine Quelle (A, p) fortlaufend Rotationen erzeugt [23]. Man erhält

$$E \leq 1 + 2\ln(2) * H(p)$$

Die Suche nach dem Eintrag a in dem Baum dauert ebensolange wie die Rotation des Knotens a zur Wurzel. Somit haben wir mit dieser Abschätzung von E auch eine Abschätzung für die Komplexität der durch die Quelle erzeugten Rotationen insgesamt.

Historische Bemerkungen Die geschilderte Idee ist älter, wenn man ihre Anwendung auf Listen betrachtet. Erstmals wurde diese Frage, wie es scheint, von J. McCabe [24] untersucht und von verschiedenen Autoren vertieft. Wie es oft in der Wissenschaft vorkommt, wurde diese Frage im Zusammenhang mit Bäumen neu aufgeworfen. Die Forderung der Effizienz machte es notwendig, nicht beliebige Bäume zu betrachten, sondern die Untersuchung auf geordnete Bäume zu beziehen. Allerdings lassen sich die Resultate über *move to front* bei Listen auf unseren Fall der Bäume übertragen. Eine gute Literaturübersicht und eine Darstellung des Standes der Kunst findet man in der Dissertation von F. Schulz [25].

4.2 Kodierung bei Quellen unbekannter Wahrscheinlichkeitsverteilung

4.2.1 Gedächtnislose Quellen

Wir wenden nun die Resultate des vorigen Abschnittes an, um auch in dem Fall, daß wir die Verteilung der Quelle nicht kennen, aber wissen, daß sie gedächtnislos ist, eine effiziente Kodierung anzugeben. Hierzu bedienen wir uns des Konzeptes des dynamischen Baumes, der sich in der oben beschriebenen Weise auf die Quelle einstellt.
Wir richten das beschriebene Suchprogramm sowohl auf der Sender- als auch der Empfängerseite ein. Weiter sorgen wir dafür, daß an beiden Stellen mit dem gleichen Anfangsbaum begonnen wird. Nun verfahren wir, wie für den Fall bekannter Wahrscheinlichkeitsverteilung und festen Bäumen beschrieben. Der Unterschied besteht nur darin, daß wir nach jedem gesendeten bzw. empfangenen Zeichen $a \in A$ beide Bäume der Transformation a^* unterwerfen. Aufgrund des oben angegebenen Sachverhaltes wissen wir, daß die mittlere

Der Informationsbegriff aus Sicht der Informatik

Suchzeit in den Bäumen, die mittlere Übertragungsdauer im Kanal und die mittlere Dekodierzeit $5 * E$ beträgt und also durch $5 + 10 * \ln(2) * H(A)$ nach oben abgeschätzt werden kann. Diese Methode der Datenkompression hat noch zwei weitere Vorteile: Ein Angreifer kann die Kommunikation auf dieser Basis nur dann abhören, wenn er nicht nur den Anfangsbaum kennt, sondern auch den Datenverkehr laufend mithört. Weiter gewährt diese Methode auch eine zuverlässige Authentifikation.

Das hier beschriebene Verfahren kann man auch als einen Lernprozeß auffassen, der die Ausgaben des Kanales mit einer guten Approximation der nicht bekannten Wahrscheinlichkeitsverteilung vorhersagt. Insofern extrahiert das Verfahren Information aus dem Kanal.

Nun wenden wir uns der Frage zu, wie gut dieses Verfahren ist, wenn die Quelle ein Gedächtnis hat.

4.2.2 Quellen mit Gedächtnis: Resultate und offene Probleme

Wir betrachten ein Quelle mit geordnetem Alphabet, deren Verhalten durch einen Markovprozeß erster Stufe beschrieben wird. Dieser Prozeß soll mit sehr hoher Wahrscheinlichkeit zu jedem nicht minimalen Element das nächst kleinere erzeugen und nach dem kleinsten mit hoher Wahrscheinlichkeit das größte Element von A. Der Prozeß wird also mit hoher Wahrscheinlichkeit die Elemente in Reihenfolge abfallender Größe zyklisch aufzählen. Unser Algorithmus wird dann einen Baum erzeugen, dessen maximale Tiefe n ist und es wird das zu erwartende Element mit hoher Wahrscheinlichkeit das tiefste Element in dem Baum sein. Die mittlere Suchzeit wird in diesem Fall etwa n betragen, d.h. exponentiell grösser sein als die im gedächtnislosen Fall zu erwartende Suchzeit. Hier erzeugt uns der dynamische Baum, der im gedächtnislosen Fall so sehr gut ist, die ungünstigste mittlere Suchzeit. *Es ist eine interessante aber meines Wissens nicht untersuchte Frage, wie gut dieser Algorithmus ist, wenn man über alle einstufige Markovprozesse zu dem Alphabet A mittelt.*

Wir nehmen nun an, dass wir wissen, dass unsere Quelle ein $k - stufiger$ Markovprozess ist. Das Gedächtnis der Quelle hat dann die Größe n^k. Wir konstruieren einen beliebigen Suchgraph, wie er in 2.5.3 beschrieben wurde und passen diesen Graph dynamisch an die Quelle an, wie wir das mit den Suchbäumen getan haben. Die für die dynamischen Suchbäume gültigen Abschätzungen der mittleren Suchzeit übertragen sich aufgrund der Mittlung über alle Bäume des Graphs auf den skizzierten Suchgraph. *Hieraus ergibt sich, daß auch die Aussagen über die Kodierungs- und Dekodierungsalgorithmen ihre Gültigkeit behalten.* Der Nachteil dieser Konstruktion besteht in der eventuell riesigen Größe dieses Graphs.

Man kann aber vermuten, daß sich durch eine mit der Dynamisierung des Graphs verbundene Reduktion der Anzahl seiner Knoten, der Menge Z der Zustände des Gedächtnisses also, in vielen Fällen die Effizienz beträchtlich steigern lassen wird.

Offen ist auch, wie man allein unter der Annahme, daß eine Quelle vorliegt, von der die Größe des Gedächtnisses bekannt ist oder nur, daß es sich um eine Quelle mit endlichem Gedächtnis handelt, durch einen dynamischen Graph eine effiziente Kodierung der Ausgaben dieser Quelle approximieren kann. Ein weiteres Problem besteht darin, daß sich Quellen in Abhängigkeit von der Zeit verändern. Passen sich die dynamischen Bäume oder Graphen aber rascher an die Quelle an, als diese sich verändert, dann kann man die geschilderten Adaptionsverfahren auch in diesen Fällen einsetzen. Es ist deshalb interessant die Anpassungsgeschwindigkeit in Relation zur Quellenveränderung zu setzen. Eine Verfahren, das überhaupt einsetzbar ist, wird sich in wenigen Stunden oder Tagen anpassen. Eine mathematische Untersuchung dieses Sachverhaltes ist deshalb aussichtsreich und von grossem Interesse.

4.2.3 Über die Stabilität der adaptiven Verfahren

Die Adaption der Suchbäume mittels der Rotation des aktuell nachgefragten Elementes zur Wurzel bringt natürlich immer wieder auch Elemente, die nur selten in Anfragen auftreten, zur Wurzel, sodaß wir auch immer wieder weniger effiziente Bäume erzeugen werden. So hat man die Frage aufgeworfen, ob man gute Bäume nicht stabilisieren kann. Ein Ansatz besteht darin, die Rotation nur dann vorzunehmen, wenn ein Element $k-fach$ hintereinander als Anfrage auftritt. Im Falle gedächtnisloser Quellen verbessert sich die asymptotische Zugriffseffizienz monton mit wachsendem k. Man kann aber Quellen mit Gedächtnis angeben, für die sich die Effizienz mit wachsendem k monoton verschlechtert. Das liegt daran, daß sich der Baum aufgrund seiner im Vergleich zur Quelle größeren Trägheit zu langsam anpaßt. Dieses Resultat verdankt man F. Schulz [25], in dessen Dissertation sich zahlreiche weitere einschlägige Resultate finden. Eine schöne Variante dieser Idee, nämlich Rotationen nicht stets, sondern nur mit einer fest vorgegebenen Wahrscheinlichkeit vorzunehmen, stammt von S. Albers [26].

Eine Übersicht über Anpassungen von Markovprozessen an Quellen mit Verweisen auf experimentelle Untersuchungen medizinischer und anderer Probleme findet man in [28] und Anwendungen dieser Konzepte auf kombinatorische Algorithmen in [27] und [23].

5 Zufälligkeit, Berechenbarkeit und Information

5.1 Chaitin-Kolmogorov-Komplexität

5.1.1 Einleitung

Wir nennen eine Quelle zufällig, wenn sie jedes Alphabetelement mit gleicher Wahrscheinlichkeit erzeugt. Für soche Quellen gilt

$$\frac{\log(n)}{\log(m)} \leq m_A(c)$$

für alle Kodierungen c und $n = |A|, m = |S|$. Weiter wissen wir, daß man Fogen von Kodes konstruieren kann, sodaß der Mittelwert der Kodelänge gegen die angegebene untere Schranke konvergiert. Hieraus und aus den Kodierungstheoremen ergibt sich, daß von zufälligen Quellen erzeugte Folgen im Mittel durch Kodierungen nicht komprimiert werden können, wenn Quell- und Kanalalphabet gleich sind. Weiter folgt aus diesen Resultaten, daß wir zu jeder Quelle mit endlichem Gedächtnis eine Folge von Kodierungen angeben können, sodaß der Kanalausgang als Quelle betrachtet gegen eine zufällige Quelle konvergiert.

Nun kann jede von uns betrachtete Quelle grundsätzlich jede Folge über ihrem Alphabet erzeugen. Darunter befinden sich auch die berechenbaren Folgen, die sich auf ein sie erzeugendes Programm komprimieren lassen. Setzen wir einen Computer auf eine von einer zufälligen Quelle erzeugten Folge an, um diese Folge so zu komprimieren, daß das Original wiedergewonnen werden kann, dann mag er stets für gewisse Teilfolgen solcher Folgen erfolgreich sein, aber er wird diese Folgen als Ganzes bis auf *seltene* Ausnahmen nicht komprimieren können. Wir können mit Hilfe der Kodierungstheoreme also charakerisieren, was zufällige Quellen sind, nicht aber die Zufälligkeit einzelner Folgen. Indem wir aber den Computer auf eine individuelle Folge ansetzen und ihn ad hoc gute Kodes berechnen lassen, gelangen wir auch zu einer Charakterisierung der Ausnahmefolgen und damit zu einer Charakterisierung der *Zufälligkeit von Folgen*.

Zufällige Folgen werden also Folgen sein, für die wir keine spezielle Kodierung zuschneidern können, sodaß sie sich stärker komprimieren lassen, als es das Kodierungstheorem erlaubt. Eine befriedigende Charakterisierung der Zufälligkeit individueller Folgen erweiß sich als sehr schwierig. Von Mises [30] und vor ihm auch schon Helm in einer wenig bekannten Arbeit [29] versuchten das *Kollektiv* der zufälligen Folgen durch *Invarianzeigenschaften* zu charakterisieren. Grob gesprochen handelt es sich um die folgende Idee: Eine

Folge heiße zufällig, wenn jede ihrer Teilfolgen zufällig ist. Natürlich ist das keine Definition, und die Aussage ist auch falsch, da wir ja aus jeder zufälligen Folge eine nicht zufällige erzeugen können, indem wir nur die Elemente mit dem Wert 1 bei der Auswahl verwenden. Man benötigt also noch eine Einschränkung: Die Auswahl soll nach festen Regeln erfolgen, die bei der Entscheidung, ob der Wert der i-ten Position der Originalfolge verwendet werden soll oder nicht, nur die Kenntnis der Werte der Folge auf den Positionen von 1 bis $i-1$ verwenden. Das war ein überzeugender Ansatz. Die Schwierigkeit bestand aber in der Definition der erlaubten Regeln. Brouwer [31] versuchte es durch die Einführung *konstruktiv definierter Nullmemgen*, die durch das von gleichverteilten Quellen induzierte Maß gemessen werden. J. Ville [32] versuchte es über das Prinzip von der *ausgeschlossenen konstruktiven Gewinnstrategie* beim Spiel gegen zufällige Folgen bei beschränktem Kredit. Alle diese Ansätze waren aus dem gleichen Grund zunächst nicht erfolgreich. Man konnte nicht definieren, was *konstruktiv* heißen sollte. Wald [33] bemerkte, das es genügen würde, eine abzählbar unendliche Menge von Regeln zuzulassen. Zu jeder solchen Menge R von Regeln ergeben sich dann $R-zufälligeFolgen$. Die in dieser Definition enthaltene Willkür ist allerdings unbefriedigend. Als erste brachten G.J. Chaitin [34] und Kolmogorov [35] algorithmische Konzepte ins Spiel, indem sie die Länge kürzester Programme zur Berechnung von endlichen Folgen als Komplexitätsmaß einführten. Zufällige Folgen sollten nun solche Folgen sein, die grob gesprochen ihr eigene kürzeste Beschreibung sind. Kolmogorov zeigte, daß diese Definition unabhängig von dem speziellen Rechner ist, auf den sich die kürzesten Programme beziehen, die als Kode der Präfixe der Folge dienen. Verwandte Ideen finden sich auch schon bei Solomonov [37]. P. Martin-Löf [36] griff die Idee auf, das Konzept der Berechenbarkeit von Funktionen zur Präzisierung der Konstruktivität zu verwenden. Er konnte zeigen, da die ersten drei Ansätze zu äquivalenten Definitionen fhrten, indem er den Begriff der partiell berechenbaren Funktion und der aufzählbaren Menge als Fassung der Konstruktivität verwendete. Die Chaitin-Kolmogorov-Komplexität führte allerdings zu einer etwas verschärften Fassung der Zufälligkeit [40]. In der Auszeichnug der Klasse der rekursiv aufzählbaren Mengen liegt eine Schwäche des Ansatzes. Wenn man nämlich auf die Entscheidbarkeit des Wortproblemes und die effektive Berechenbarkeit von Tests auf Zufälligkeit von Folgen verzichtet und zufällige Folgen als Folgen ansieht, deren Glieder keiner konstruktiven Relation unterliegen, dann man ebenso gut umfassendere in einer möglichst allgemeinen Logik definierbare Mengen zulassen. Die Menge der dann noch in Frage kommenden Regeln würde immer noch abzählbar sein und so im Sinne von Wald zu einer in sich kosistenten Fassung der Zufälligkeit führen. C.-P. Schnorr setzte sich mit dieser Theorie in seiner Habilitations-

Der Informationsbegriff aus Sicht der Informatik

schrift kritisch auseinander. Seine These lautet: Tests auf Zufälligkeit sollten effizient durchführbar sein. Er bewegte sich also nicht in Richtung einer Abschwächung des Konzeptes der Berechenbarkeit, sondern er verlangte, daß die zulässigen Mengen nicht nur aufzählbar, sondern sogar entscheidbar seien. Unter diesen Voraussetzungen konnte er zeigen, daß alle vier Ansätze zu äquivalenten Fassungen des Begriffes der *Zufälligkeit* führen. Die Äquivalenz aller dieser Ansätze in der Schnorrschen Präzisierung der obigen Ideen gibt seiner Definition ein besonderes Gewicht. Im Rahmen dieser Übersicht schildern wir nur die auf der Chaitin-Kolmogorov-Komplexität begrndete Theorie etwas näher. [38],[39],[40]. Darstellungen der Kolmogorovkomplexität findet man in [41],[42], [43] und [44].

5.1.2 Definitionen und Resultate

Wir legen dem Folgenden einen idealisierten Computer zugrunde. Die Idealisierung besteht darin, dass wir annehmen, daß sein Speicher nicht beschränkt ist und daß er beliebig lang so funktioniert, wie er es sollte. Im übrigen ist er so, wie ihn jeder kennt. Das Alphabet, in dem die Computerprogramme geschrieben werden, bezeichnen wir mit S. Wir betrachten unendliche Folgen über dem Alphabet A

$$x := (\xi_1, \xi_2, \ldots \xi_i, \ldots)$$

und wir bezeichnen die Präfixe der Länge i von x durch

$$x_i := (\xi_1, \xi_2, \ldots \xi_i)$$

Nun kann man zu jedem x_i ein Programm π_i für unseren Computer finden, sodaß er ohne irgendwelche anderen Daten zu benutzen, die Folge x_i ausgibt. Unter allen möglichen Programmen, die das leisten, suchen wir ein kürzestes aus und bezeichnen es mit $\pi(x_i)$. Indem wir das für jeden möglichen Präfix der Länge i tun, erhalten wir einen präfixfreien Kode π_i, wenn wir noch verabreden, daß die Programme durch ein Sonderzeichen terminiert werden, einem Zeichen also, das im Inneren des Programmes nicht vorkommt. Aus dem Kodierungstheorem ergibt sich

$$\frac{i * \log(n)}{\log(m)} \leq m_A(\pi)$$

sodaß die von zufälligen Quellen erzeugten Folgen - wir setzen $m = n$ voraus - im Mittel nicht komprimiert werden können. Diese Aussage gilt für jedes i. Da sich die Folge x im Mittel für alle i nicht komprimieren läßt, werden viele der kodierten Folgen für Präfixe der Länge $i*k$ unendlich oft eine Länge $\geq i*k$ annehmen. Das nahm Kolmogorov zum Anlaß, die Zufälligkeit von

Folgen durch die folgende Bedingung zu charakterisieren: *Die Folge x heißt zufällig genau dann, wenn eine Konstante C existiert, sodaß für alle i die Ungleichung*

$$| \, Länge(\pi(x_i)) - i \, | < C$$

gilt. Martin-Löf [36] versuchte auf Anregung Kolmogorovs zu zeigen, daß die Menge der Folgen, die diese Eigenschaft besitzen, das Maß 1 haben, wenn das Maß durch eine *gleichverteilte* Quelle induziert wird. Er kam allerdings zu dem Resultat, daß es solche Folgen überhaupt nicht gibt. Eine leichte Abschwächung der Forderung, nämlich, daß sie nicht für alle, aber doch für unendlich viele i erfüllt sein sollte, erlaubte ihm, diesen Satz zu zeigen. Darüber hinaus gilt, daß in diesen Folgen jedes Element $a \in A$ gleich häufig auftritt. Diese Fassung der Zufälligkeit stimmt sehr schön mit unserer Intuition überein, die geneigt ist, jede Folge, in der wir keine Gesetzmäßigkeit erkennen, als zufällig zu bezeichnen. Allerdings wissen wir, daß das Nichtentdecken von Gesätzmäßigkeiten von unseren geistigen Fähigkeiten abhängt. Das ist die Motivation für die Fragen, die wir im folgenden Abschnitt behandeln.

5.2 Die Rolle der Ressourcenbeschränkungen

5.2.1 Komplexität

Computer brauchen Speicherplatz und Rechenzeit, wenn sie ein Programm ausführen. Beschränkt man ihnen diese *Ressourcen*, etwa in Abhängigkeit von der Größe der Aufgaben, die zu bearbeiten sind, dann kann man an sich lösbare Aufgaben in unlösbare verwandeln. Die Größe einer Aufgabe kann man z.B durch die Anzahl der Buchstaben oder Ziffern messen, die man zu ihrer Beschreibung verwendet hat. Relativ kleine Vergrößerungen der Resource Zeit können sich in dieser Hinsicht auswirken. Die Untersuchung des Zusammenhanges zwischen Resourcenbeschränkungen und Berechenbarkeit ist ein Hauptthema der Komplexitätstheorie. Dieser Aspekt der Berechenbarkeit hat von Anfang an Interesse gefunden, die grundlegenden Definitionen und die ersten Hierarchiesätze verdankt man J. Hartmanis [45]. Beschränkt man dem Computer die Rechenzeit zur Entscheidung einer Frage der Größe k durch eine berechenbare Funktion $t(k)$, die noch einer schwachen Nebenbedingung genügt, dann sind Probleme nicht mehr entscheidbar, die bei der Schranke $T(k) = t(k) * \log(t(k))$ noch entscheidbar sind. Im folgenden Abschnitt wenden wir uns dem Einfluß solcher Resourcenbeschränkungen des Computers auf die Beurteilung von Folgen hinsichtlich ihrer Zufälligkeit zu.

Der Informationsbegriff aus Sicht der Informatik

5.2.2 Zufälligkeitshierarchien

Wir können leicht ein Programm schreiben, das zu jeder Folge x kürzeste Programme π_i zur Erzeugung der Präfixe x_i von x der Länge i aufzählt. Das soll folgendes heißen: Der Computer berechnet eine Liste von Programmen, in die er ein gefundenes Programm π_i einträgt, wenn darin nicht schon ein kürzeres oder ebensolanges Programm für diesen Präfix enthalten ist. Alle diese Programme kann der Computer nicht eines nach dem anderen berechnen, da manche Ansätze, die er erprobt, zu nicht anhaltenden Programmen führen können. Er arbeitet also stets an der Berechnung vieler dieser Programme simultan, ja sogar an einer stets wachsenden Anzahl solcher Programme. Halten wir den Computer irgendwann an, dann wissen wir nicht, welche der Einträge schon endgültig sind. Lassen wir den Computer aber unendlich lange laufen, dann erhalten wir zu jedem Index i ein kürzestes Programm zur Berechnung von x_i. Dises Verfahren ist unbefriedigend, da wir zu keinem endlichen Zeitpunkt eine verläßliche Auskunft erhalten. Anders sieht dies aus, wenn wir verlangen, daß der Computer einmal in die Liste eingetragene Programme nicht mehr verändern darf. Unbefriedigend ist in diesem Fall, daß das Resultat sehr stark von dem Programm abhängt, das die π_i berechnet. In diesem Fall verlangt Schnorr, daß die Folge x nur dann zufällig heiße, wenn für jedes dieser Optimierungsprogramme eine Konstante C existiert, sodass

$$\mid Länge(\pi_i) - i \mid < C$$

für unendlichviele i erfüllt ist. Er konnte zeigen, daß es Folgen x gibt, die in diesem Sinne zufällig sind, nicht aber im Sinne Martin-Löfs. Diese Theorie kann man weiter verfeinern, indem man nun den Programmen die Resourcen beschränkt, die ihnen zur Berechnung der π_i zur Verfügung stehen. Man erhält auf diese Weise eine Hierarchie von Zufälligkeiten. Schnorr zeigte weiter, daß in jeder dieser so definierbaren Klassen zufälliger Folgen auch berechenbare Folgen liegen, daß die Berechnung dieser Folgen aber Algorithmen einer höheren Komplexitätsstufe erfordert. Vielleicht ist die Interpretation dieses Resultates besser verständlich, wenn wir es auch im Zusammenhang mit der Villeschen Idee von der oben bereits erwähnten ausgeschlossenen Gewinnstrategie in Spielen gegen zufällige Folgen erläutern.

Das Prinzip vom ausgeschlossenen Spielsystem. Das Spiel geht wie folgt: Die Bank ist in Besitz eines unendlichen Vermögens und einer Quelle, die eine unendliche Folge über A produziert. Der Einfachheit halber nehmen wir an $A = \{0,1\}$. Der Spieler besitzt ein endliches Vermögen, und er darf eine Summe, die sein Vermögen nicht übersteigt auf die kommende Runde setzen. Sagt er das in dieser Runde von der Quelle A erzeugte Element richtig voraus, dann erhält er von der Bank seinen gesetzten Betrag zurück und zusätzlich nochmals die gleiche Summe. Hat er das Element nicht richtig vorausgesagt, dann verliert er die gesetzte Summe. Der Spieler versucht nun, ein Programm zu entwickeln, das es ihm erlaubt, erfolgreich gegen die Bank zu spielen. Hierzu gehört, daß das Programm aufgrund der beobachteten Vorgeschichte die Summe vorschlägt, die in der aktuellen Runde zu setzen ist. Auf dieser Basis, nämlich aus dem Programm und der von der Bank verwendeten Zufallsfolge, ergibt sich eine berechenbare Funktion, die das Wachstum des Vermögens des Spielers beschreibt. Die These vom ausgeschlossenen Spielsystem besagt nun, daß diese Funktion beschränkt bleibt, wenn er gegen eine *echte* Zufallsfolge spielt. Nun dreht man zur Definition der Zufallsfolgen von einer bestimmten Komplexität den Zusammenhang in gewisser Weise um. Man definiert: Eine Folge x heißt zufällig vom Grade $t(i)$, falls für alle Strategien, die durch Funktionen dieser Klasse repräsentiert werden, die zu x gehörigen Vermögensfunktionen dieser Strategien beschränkt bleiben. Unter den von diesem Grade zufälligen Folgen gibt es berechenbare Folgen, die in höheren Komplexitätsklassen liegen. Man erhält auf diese Weise unendliche Hierarchien von Zufälligkeiten.

5.3 These

Es macht keinen Sinn über den wahren Begriff der Zufälligkeit zu streiten. Man entscheidet sich für eine Komplexitätsklasse von Algorithmen und legt damit die Klasse der Folgen fest, die man als zufällig ansieht, ob sie nun berechenbar sind oder nicht.

Das entspricht der für die Geometrie akzeptierten Ersetzung der Frage nach der *wahren* Geometrie durch die Angabe einer Gruppe, die die im Rahmen der Geometrie interessierenden Objekte klassifiziert. In diesem Licht betrachtet besagen Thesen der Physik, daß gewisse Prozesse zufälliger Natur sind nur, daß sie allen Tests in den bislang verwendeten Komplexitätsklassen von Experimenten, Beobachtungen und sprachlichen Erfassungen erfolgreich widerstehen oder daß über statistische Erfassungen hinausgehende Beschreibungen uninteressant sind. [46]

5.4 Sprachkomplexität versus algorithmischer Komplexität

Es ist recht einfach zu definieren, was die Folge der Primzahlen ist. Ein Programm, das alle Primzahlen im Laufe der Zeit aufzählt, anzugeben, ist auch relativ einfach. Es ist aber schwierig, ein solches Programm zu finden, das diese Folge rasch berechnet. Allgemein kann man sagen, daß die Beschreibung eines Problemes einfacher ist, als eine effiziente Lösung dafür zu finden.

Der Informationsbegriff aus Sicht der Informatik

Die Aufklärung des Unterschiedes zwischen der Beschreibungskomplexität und der algorithmischen Komplexität ist eines der spannenden offenen Probleme der Informatik und inzwischen auch der Mathematik. Läßt man die reellen Zahlen und das ganze Umfeld der Analysis aus dem Spiel, und beschränkt man sich nur auf Probleme, die sich in endlicher Zeit auf Computern berechnen lassen oder auf Probleme, die sich durch die Anwendung von *Substitutionsregeln* auf ein *Anfangswort* beschreiben lassen, dann kann man mit beiden Methoden die gleichen Objekte definieren. Letztere Methode ist beschreibend, und man bezeichnet die so definierten Wortmengen als formale Sprachen.
Beispiele dafür bilden die von N. Chomsky [47] eingeführten Grammatiken zur Erfassung der Syntax natürlicher Sprachen. Beschränkt man in diesem Zusammenhang die Resourcen des Computers nicht, dann kann man zu jeder Grammatik ein Programm angeben, das die gleiche formale Sprache definiert und dessen Größe sich nur unwesentlich von der Größe der Grammatik unterscheidet. Beschränkt man allerdings die dem Computer zugebilligte Laufzeit, dann treten erhebliche Größenunterschiede auf. Allerdings leistet der Computer auch mehr: er stellt für jedes ihm vorgelegte Wort fest, ob es Element der Sprache ist, während die Grammatik die Sprache nur insgesamt beschreibt.
In Fragen, die nur die Sprache als Ganzes angehen oder Beziehungen von Sprachen untereinander, benötigen wir eventuell diese Auskünfte über die Lage von Wörtern nicht, so daß wir die einfachere Beschreibung als die i.a. verständlichere vorziehen.
In Fragen also, die zwar einer Beschreibung durch Programme zugänglich sind, in denen das Mehr an Information, das die Programme vermitteln können, nicht interessiert, wird man sich eher der deskriptiven Methode bedienen. Dort, wo es um konkrete Anwendungen geht, wird i.a. der algorithmische Aspekt im Fordergrund stehen. Vielleicht liegt hierin der Hauptunterschied zwischen der *reinen* und der *angewandten* Mathematik und der Informatik. Vereinfacht kann man sagen, daß die rein sprachliche Beschreibung mehr am Verstehen orientiert ist und die algorithmische stärker am Tun.
Beide Aspekte ergänzen sich: Verstehen führt zu besserem Tun, und Tun führt zu neuen Fragen und besserem Verstehen. [48]
Dieser Unterschied den wir zwischen der algorithmischen Komplexität und der Beschreibungskomplexität beobachten, finden wir auch zwischen verschiedenen Sprachen zur Beschreibung der gleichen Objekte. Ein überzeugendes Beispiel hierzu findet man in der Theorie der endlichen Automaten. Nimmt man zu einer von Kleene [49] definierten Sprache zur Beschreibung der durch endliche Automaten charakterisierbaren Mengen als Operation die Bildung des Durchschnittes von Mengen hinzu, dann kann sich die Beschreibungs-

komplexität von durch endliche Automaten erkennbaren Mengen ungeheuer reduzieren. Wir können Sprachen angeben, die sich in der erweiterten Kleenesprache durch einen Ausdruck der Größe N beschreiben lassen, deren Beschreibung aber in der originalen Kleenesprache einen Ausdruck von der Größenordnung

$$\underbrace{\exp(\exp(\ldots \exp(2)\ldots))}_{N\,mal}$$

erfordert.

Auch aus der Analysis ist bekannt, daß Beschreibungskomplexität und algorithmische Komplexität weit auseinander liegen können. Hierzu betrachte man etwa die Aufgabe, zu gegebener partiellen Differentialgleichung mit vorgegebenen Randbedingungen eine Lösung zu berechnen. Ein effizientes Programm, das diese Funktion berechnen kann, wird i.a. wesentlich größer und sehr viel weniger verständlich sein. Die Untersuchung des Zusammenhangs von Beschreibungskomplexität und algorithmischen Komplexität von gleichen Problemen ist nicht nur ein an sich interessantes Problem, sondern ist es auch dann, wenn man die Motivationen bei Theorienbildungen [11] besser verstehen möchte. Diese Untersuchungen leisten damit auch einen gewissen Beitrag zum allgemeinen Weltverständnis.

5.5 Ressourcenbeschränkung und Komprimieren in einem Beispiel

Wir nehmen einmal an, daß jemand an allen Sätzen der euklidischen Geometrie interessiert ist. Wenn er diese Sätze von irgendeiner Quelle beziehen wollte, so würde man ihm ein Programm schicken, das alle diese Sätze im Laufe der Zeit aufzählen könnte. Wir haben damit den Fall, daß einer unendlichen Theorie im Sinne unserer Definitionen nur ein endlicher Informationsgehalt zugewiesen wird. Ein solches Programm kann man leicht angeben, und es würde nicht einmal groß sein.

Im Gegensatz hierzu scheint die Tatsache zu stehen, daß wir Euklids Lehrbuch über Geometrie nicht ebenso stark komprimieren können. In der Tat besteht aber zwischen beiden Beobachtungen kein Widerspruch. Die Originalität des Lehrbuches besteht in der speziellen Auswahl der Sätze, und die ist weit höher anzusetzen als die Formulierung der abstrakten Theorie.

Wir wollen das noch etwas verdeutlichen: So wie man die natürlichen Zahlen aufzählen kann, so kann man auch alle denkbaren Wörter über einem Alphabet aufzählen oder, was ein wenig schwieriger ist, alle bezüglich einer formal definierten Grammatik syntaktisch korrekten Sätze. Das Aufzählen einer Theorie ist gar nicht sehr viel schwieriger. Nun ist es doch keine Frage,

Der Informationsbegriff aus Sicht der Informatik

daß z.B. der Faust origineller ist als die Menge der syntaktisch korrekten Sätze, die alle Sätze dieses Werkes auch enthält.

Eine Aufzählung aller Sätze einer Theorie ist aber nicht in der Lage, unsere Frage nach der Gültigkeit eines Theorems zu beantworten. Es werden ja nur die gültigen Theoreme, nicht aber die falschen Theoreme aufgezählt, sodaß wir zu einem endlichen Zeitpunkt niemals wissen, ob ein nicht gültiges Theorem nicht vielleicht doch noch aufgezählt wird.

Wenn wir von einer Übertragung verlangen, daß sie in einer vorgegebenen Laufzeit unsere Fragen nach der Gültigkeit eines Theorems beantwortet, dann wird es vielleicht kein Programm geben, das diese Aufgabe für die in Frage stehende Theorie löst, sodaß wir doch alle die Sätze der Theorie übertragen müssen, für die das Programm den Beweis in der vorgegebenen Zeit nicht führen kann.

Wir sehen, daß in dem Fall, daß wir uns für Folgen von Nachrichten interessieren, die durch Markovquellen zwar auch erzeugt werden können, die aber aufgrund der in diesen Fällen vorgenomen Mittelungen keine Rolle spielen, die klassische Informationstheorie und der algorithmisch begründete Ansatz zu verschiedenen Resultaten führt. Darüber hinaus spielen in dem algorithmischen Ansatz Ressourcenbeschränkungen eine entscheidende Rolle. Wir verwenden den wahrscheinlichkeitstheoretisch fundierten Ansatz überall dort, wo wir keine oder nur schwache Gesetzmäßigkeiten erkennen oder da, wo uns hinreichend große Kanalkapazitäten zur Verfügung stehen, oder wo uns noch die technischen Mittel fehlen, die zur Kompression von Daten geeigneten Gesetze dazu auch anzuwenden.

6 Ein konkretes Problem

6.1 Vorbemerkungen

Die skizzierte Theorie ist abstrakt, sodaß Probleme, die in konkreten Vorhaben im Bereich der Informationsverarbeitung, der Informationsextraktion und Interpretation auftreten durch die zugrunde gelegte Idealisierung verschwinden. Das ist eben ein Preis für die Einfachheit von Theorien. Die abstrakte Theorie dient aber im konkreten Fall zur Orientierung, und sie zeigt besonders die Grenzen des Möglichen auf.

Wir wollen hier ein Projekt schildern, das ich fast verwegen nennen möchte, das aber zu einem erstaunlich guten Resultat geführt wurde. Eine nicht vollständige Beschreibung der in seinem Rahmen durchgeführten Arbeiten liegt vor in dem von dem Projektleiter W. Wahlster herausgegebenen Band [5], der einen Umfang von 677 Seiten besitzt. Es handelt sich um das Projekt *Verbmobile*. Die Bezeichnung leitet sich von <u>verbal</u> *communication with foreign interlocutors in* <u>mobil</u> *situations* her.

6.2 Verbmobil

Das Ziel des Projektes besteht in der Entwicklung eines Systems, das die Übersetzung von Dialogen zwischen Partnern leisten soll, die sich des Telefons bedienen und in verschiedenen Sprachen sprechen. Für das Vorhaben wurden als Sprachen Englisch, Deutsch und Japanisch ausgewählt. Um diese Aufgabe angreifbar zu machen, wurden Domänen für die Gesprächsthemen definiert, innerhalb deren sich der Dialog bewegen sollte. Erschwert wurde die Aufgabe wieder dadurch, daß Mobiltelefone zugelassen wurden, die einen sehr viel höheren Geräuchpegel mitbringen, als das i.a. bei Telefonen der Fall ist, die durch eine Festnetz verbunden sind. Es sollte auch nicht vorausgesetzt werden, daß die Gesprächspartner stets in der Schriftsprache sprechen, sondern es sollten Satzabbrüche oder Korrekturen und Zwischenlaute wie *ahh* zugelassen werden.

Die zur Lösung der Aufgabe verwendeten Methoden sind vielfältig: Es werden natürlich *Wörterbücher* verwendet und formale Sprachen zur Beschreibung der *Syntax* der Sprachen. Bevor Wörterbücher im üblichen Sinne anwendbar werden, müssen die gesprochenen Wörter zunächst einmal erkannt werden, das heißt in Buchstabenfolgen umgesetzt werden. Wir haben hier eine Aufgabe im Bereich der *akustischen* Signalerkennung, die schon deshalb schwierig ist, da in gesprochenen Texten die Nahtstelle zwischen aufeinander folgenden Wörtern schwer auszumachen ist. Weiter kann der Lärm einer Umgebung, z.B. einer Bahnhofshalle, das Gespräch überlagern.

Zu Beginn des Gespräches muß das System zunächst feststellen, in welchen Sprachen die Partner überhaupt sprechen. Danach kann man Wörterbücher heranziehen, um die Transkription in geschriebene Sprache zu unterstützen. Es liegt hier also die Situation des gestörten Kanales vor. Allerdings können wir hier Quelle und Kanal nicht trennen, um eine Kodierung dazwischen zu schieben, die es erlaubt, die Kapazität des Kanales gut auszunutzen. Dazu kommt, daß uns die Quelle nicht genau bekannt ist. Natürlich wird man die Häufigkeit einbringen, mit der Wörter in den beteiligten Sprachen gebraucht werden. Das allein genügt bei weitem nicht, da jeder Sprecher seine spezifische Charakteristik hat, und zwar sowohl bezüglich des verwendeten Wortchatzes als auch hinsichtlicher seiner Aussprache. Die Charakteristik des Kanals versucht das System in den Gesprächspausen zu ermitteln. Allerdings müssen die Pausen auch als solche erkannt werden.

Die Übersetzung gelingt auch nicht satzweise, sondern sie benötigt das Einbeziehen der bereits ausgetauschten Information. Ein Teil der Mitteilungen im Gespräch wird durch die besondere Betonung und den Rythmus des Sprechens vermittelt, sodaß also auch die darin enthaltenen Informationen verwendet werden müssen. Das System verwendet neben diesen Informationen sehr wesentlich die Einschränkung auf einen Diskursbereich, die sogenannte *Domäne*. Alle diese Informationen führen nicht zu jedem Zeitpunkt zu einer eindeutigen Interpretation, sodaß mehrere oder sogar viele Interpretationen parallel nebeneinander herlaufen. Bewertungsfunktionen liefern schließlich die Entscheidung für eine Interpretation, wenn das System reden muß. Eine Bewertung des Systemes kann natürlich nur durch Experimente erfolgen.

Was leistet das System? Mit einem Beispiel wollen wir diese Frage beantworten: In einem Telefongespräch verabreden ein englischer und ein deutscher Teilnehmer ein Treffen in einem Hotel in einer deutschen Stadt. In diesem Hotel wird man auch übernachten. Die Reservierung der Zimmer übernimmt der deutsche Partner. Er wird auch Karten für eine bestimmte Theateraufführung besorgen. Das System übersetzt den gesamten Dialog, der schließlich zu dieser Verabredung führt und komprimiert das Gespräch für jeden der beiden Partner zu einem Protokoll in der von ihm verwendeten Sprache.

7 Abschließende Bemerkungen

Lernen besteht in der Aufnahme oder Ausbildung von Konzepten, die uns die Orientierung in der Welt ermöglichen. Wir haben zwei Konzepte hinsichtlich ihrer Leistungsfähigkeit Ereignisfolgen zu *verstehen* diskutiert. Das zuerst betrachtete verwendet stochastische, das danach betrachtete algorithmische Konzepte. Wir haben gesehen, daß sich für fast alle der denkbaren Ereignisfolgen beide Konzepte hinsichtlich der Komprimierbarkeit der Folgen nicht unterscheiden. Wir beobachten aber sehr wesentliche Unterschiede bei Folgen, die sich algorithmisch definieren lassen. Wir haben die Frage der Informationsextraktion aus Ereignisfolgen im Zusammenhang mit den adaptiven Suchbäumen und Suchnetzen und der Chaitin-Kolmorov-Komplexität gestreift. Ein Lernen, das nur auf bedingten Reflexen beruht oder allgemeiner nur stochastisch begründete Konzepte benutzt, wird also viele Zusammenhänge übersehen. Der algorithmisch orientierte Ansatz genügt in diesem Zusammenhang auch nicht, denn wir bemerkten, daß die *Beschreibungskomplexität* im Falle beschränkter Ressourcen, dem also stets vorliegenden Fall, von der *algorithmischen Komplexität* beträchtlich abweichen kann. Schauen wir uns in der jetzigen Zivilisation um, dann stellen wir fest, daß zur Naturbeschreibung Methoden verwendet werden, die nicht algorithmisch orientiert sind. Es spielen in den verwendeten Sprachen *ideale* Elemente, wie z.B. die

reellen Zahlen, eine ausgezeichnete Rolle.
Zusammenhänge werden *lokal* durch Differentialgleichungen beschrieben, und aus diesen Beschreibungen werden ideale Welten aufgebaut, die uns die Orientierung in der konkreten Welt gut gestatten. Diese lokalen Beschreibungen haben auch einen gewissen algorithmischen Charakter, indem sie kausale Zusammenhänge zum Ausdruck bringen. Soweit die Differentialgleichungen Lösungen besitzen, kann man sie deshalb als *infinitesimale Maschinen* verstehen. Auch hier kann man, wie im Falle der idealisierten Computer zeigen, daß es keine universelle Methode gibt, die Lösbarkeit solcher Systeme zu entscheiden [50].
Es ist erstaunlich, daß sich die moderne Zivilisation nicht schon früher entwickelt hat. Sie ist durch die stark mathematisch und maschinell orientierte Methoden und den Glauben an die Verstehbarkeit der Welt geprägt. Dazu gehört eine intensive Ausbildung in der Anwendung dieser Konzepte. Die Sichtweise ist verwamdt mit dem algorithmischen Ansatz zur Beurteilung der Komprimierbarkeit von Ereignisfolgen. Allerdings genügt dieser Ansatz wohl nicht. Es müssen Ideen hinzukommen wie die Konstruktion idealer Elemente, um zu einfachen Beschreibungen komplexer Vorgänge zu gelangen [51]. Natürlich ist es nicht ausgeschlossen, daß wir ideale Elemente auch durch automatische Lernprozesse, die über Grenzwertprozesse verfügen, konstruieren können.

Literatur

[1] T. von Oertzen: *CEDRIC ein automatisches geometrisches Beweissystem* Diplomarbeit 1999 http://www-hotz.cs.uni-sb.de/bib/Diplomarbeiten

[2] J. Richter-Gebert, U. H. Kortenkamp: *The interactive Geometrie Software Cinderella* Springer-Verlag ,1999.

[3] E. Schömer u.a.: *Simulation Library for Virtual Reality and Interactiv Applications* http://www-hotz.cs.uni-sb.de/home/Silvia/,1999

[4] B. Schieffer: *Diagnose komplexer Systeme am Beispiel eines Tank-Ballast-Systems* Dissertation an der Universität des Saarlandes, 1999. Das System: http://www-hotz.cs.uni-sb.de/schieffer/dibs

[5] W. Wahlster: *Mobile Speech-to-Speech Translation of Spontaneous Dialogs: An Overview of the Final Verbmobil System* in W. Wahlster(Ed) *Verbmobil: Foundations of Speech-to-Speech Translation* Springer-Verlag, 2000.

[6] J. Treusch u.a. (Hrsg): *Koordianten der menschlichen Zukunft: Energie-Materie-Informatio-Zeit* Verh. der GdNÄ 119. Versammlung.Regensburg 1996. S. Hirzel. wiss. Verlagsgesellschaft, 1997

[7] D. Ganten u.a. (Hrsg): *Gene, Neurone, Qubits und Co. -Unsere Welten der Information* Verh. der GdNÄ 120. Versammlung 1998 in Berlin. S. Hirzel Verlag 1999

[8] K. Kornwachs und K. Jacoby (Ed): *Information - New Questions to a Multidisciplinary Concept* Akademie Verlag, 1996

[9] O.G. Folberth und C. Hackl (Hrsg): *Der Informationsbegriff in Technik und Wissenschaft* Oldenburg Verlag 1986

[10] G. Hotz: *Was ist künstliche Intelligenz?* Abhandlungen Akad. Wiss. Literatur. Mainz. Jahrgang 1990. Nr.2. Franz Steiner Verlag Stuttgart

[11] G. Hotz: *Komplexität als Kriterium in der Theorienbildung* Abh. Akad. Wiss. Lit. Mainz 1988 Nr. 1. Franz Steiner Verlag Stuttgart

[12] J. Berstel und D. Perrin: *Theory of Codes* Academic Press, INC. 1985

[13] C. E. Shannon: *A Mathematical Theory of Communication*, Bell System Tech. J. 27, 1948

[14] R. G. Bukharaev: *Theorie der stochastischen Automaten* B. G. Teubner 1995

[15] G. Hotz: *Search Trees and Search Graphs for Markov Sources* J. of Inf. Processing and Cybernetics, Vol. 29, 1993

[16] L.G. Valiant: *A Scheme for Fast Parallel Computation* SIAM J. Comput. 11, 1982

[17] B. Becker und U. Simon: *How robust is the n-Cube* Information and Computation 77(2) 1988

[18] M. Henzinger e.a.: *Measuring Index Quality Using Random Walks on the Web* http://www8.0rg/w8-papers/2c-search-discover/measuring/measuring.html

[19] D.E. Knuth: *The Art of Computer Programming, Vol.3 Sorting and Searching*

[20] B. Allen und I. Monro: *Self-Organising Binary Search Trees* J. ACM, 25, 1978

[21] K. Mehlhorn: *Dynamic Binary Search* SICOMP 8, 1977

[22] K. Mehlhorn: *Data Structures and Algorithms 1. Sorting and Searching* Springer-Verlag,1984

[23] G. Hotz: *Algorithmische Informationstheorie* Teubner-Texte zur Informatik, 1997

[24] J. McCabe: *On Serial Files with Relocatable Records* Operation Research 12, 1965

[25] F. Schulz: *Adaptive Suchverfahren* Dissertation an der Tech. Fakultät der Universität des Saarlandes,1999. Siehe http://www-hotz.cs.uni-sb.de/home/schulz/

[26] S. Albers: *Improved Randomized on Line Algorithms for the List Update Problem* Siam J. on Computing, vol 27 1998

[27] N. Gershenfeld: *Information in Dynamics* Proceedings of the Workshop on Physics of Computation. D. Matzke(Ed) IEEE Press, New York 1993

[28] W. Ebeling u.a. *Entropy, Complexity, Predictability and Data Analysis of Time Series and Letter Sequences* http://summa.physic.hu-berlin.de/tsd/cgi?jahr=2000

[29] Helm: *Wahrscheinlichkeitstheorie des Kollektivbegriffes* Naturphilosophie Bd.1 1902,364-381

[30] R. von Mises: *Grundlagen der Wahrscheinlichkeitstheorie* Math. Z. 5. 1919

[31] L.J.E. Brouwer: *Begründung der Mengenlehre unabhängig vom logischen Satz vom ausgeschlossenen Dritten* Verhdl. Nederl. Akad. Wet. afd. Natuurk. 1919

[32] J. Ville: *Etude critique de la notion de collectif* Paris: Gauthier-Villars 1939

[33] A. Wald: Die Widerspruchsfreiheit des Kollektivbegriffes in der Wahrscheinlichkeitsrechnung.Ergebnisse eines mathematischen Kolloquiums, 8:38 72(1937)

[34] G. J. Chaitin: *On the Length of Programs for computing finite binary sequences* J. Assoc. Comp. Machin. Vol 13, 1966

Der Informationsbegriff aus Sicht der Informatik

[35] A. N. Kolmogorov: *Drei Zugänge zur Definition des Begriffs Informationsgehalt* (russisch) Probl. Peredaci Inform. 1, 1963

[36] P. Martin-Löf: *The Definition of Random Sequences* Inform. Contol 6, 1966

[37] R. J. Solomonov: *A Formal Theory of Inductive Inference* Inform. Control 7, 1964

[38] C. P. Schnorr: *Eine Bemerkung zum Begriff der zufälligen Folgen* Z. Wahrscheinlichkeitsrechnung . verw. Geb. 14, 1969

[39] C. P. Schnorr: *Klassifikation der Zufallsgesetze nach nach Komplexität und Ordnung* Z. Wahrsch. verw. Geb. 16, 1970

[40] C. P. Schnorr: *Zufälligkeit und Wahrscheinlichkeit - Eine algorithmische Begründung der Wahrscheinlichkeitstheorie* LNM Vol 218, Springer 1970

[41] G.J. Chaitin: *Algorithmic Information Theory* Cambridge Tracts in Theoretical Computer Science, 1987

[42] M. Li and P. Vitanyi: *An Introduction to Kolmogorov Complexitity and its Applications* Springer-Verlag 1993

[43] C. Calude: *Information and Randomness, an Algotithmic Perspective* Springer4-Verlag 1994

[44] O. Watanabe: *Kolmogorov Complexity and Computational Complexity* Spriger-Verlag 1992

[45] J. Hartmaniss and R.E. Stearns: *On the Computational Complexity of Algorithms* Trans. Amer. Math. Soc. 117, 1965

[46] G. Hotz: *Komplexität in den Naturwissenschaften* in Ed.:J. Gruska u.a.: *Mathematical Foudations of Computer Science* LNCS 233 (1986)

[47] N. Chomsky: *Three Models for the Description of Language* IRE Trans. Inform. Theory, vol. IT2, 1956

[48] G. Hotz: *Versprachlichung naturwissenschaftlicher Erkenntnis* Sprache: Vorträge im Sommersemester 1990 /Herausgeber: Ruprecht-Karls-Universität Heidelberg: Heidelberger Verlagsanstalt, 1991.

[49] S.C. Kleene: *Representation of Events in Nerve Nets and Finite Automata* Automata Sudies, Princeton Univ. Press 1956

[50] T. Chadzelek und G. Hotz: *Analytic Machines* Theoretical Computer Science 219 (1999)

[51] G. Hotz: *Algorithmen, Sprache und Komplexität* Saarbrücker Universitätsreden 32 (1990)

Zusammenfassung

Wir betrachten Maße Information zu messen sowie Fragen der Komprimierbarkeit von Nachrichten unter gewissen Voraussetzungen über die Quellen. Die klassische Informationstheorie geht davon aus, dass die Quellen durch Wahrscheinlichkeitsverteilungen über Alphabeten beschrieben werden. Wir betrachten Abschwächungen der Voraussetzungen, die nur die Existenz von Verteilungen verwenden. Hierbei spielen Verbindungen mit der Theorie der effizienten Suche in Listen und Baumstrukturen eine Rolle. Die Resultate können auch als Beiträge zum maschinellen Lernen interpretiert werden. Wir skizzieren weiter den algorithmisch basierten Zugang zum Begriff der zufälligen Folgen und erläutern Zusammenhänge zwischen der rein wahrscheinlichkeitstheoretisch begründeten Informationstheorie und der algorithmischen Komplexitätstheorie und deuten Beziehungen zwischen Komprimierbarkeit von Folgen und Verstehen an.